Die schönsten Festgedichte

Schneider Buch
EGMONT

Bibliografische Information der Deutschen Nationalbibliothek
Die Deutsche Nationalbibliothek verzeichnet diese Publikation in der Deutschen Nationalbibliografie; detaillierte bibliografische Daten sind im Internet über http://dnb.d-nb.de abrufbar.

verlegt durch EGMONT Verlagsgesellschaften mbH,
Gertrudenstraße 30–36, 50667 Köln

Titelillustration: Michael Bayer
Innenillustrationen: Robert Erker
Satz: Robert Erker
Druck und Bindung: Ebner & Spiegel, Ulm
ISBN 978-3-505-11988-0

07 08 / 8 7 6 5

Inhalt:

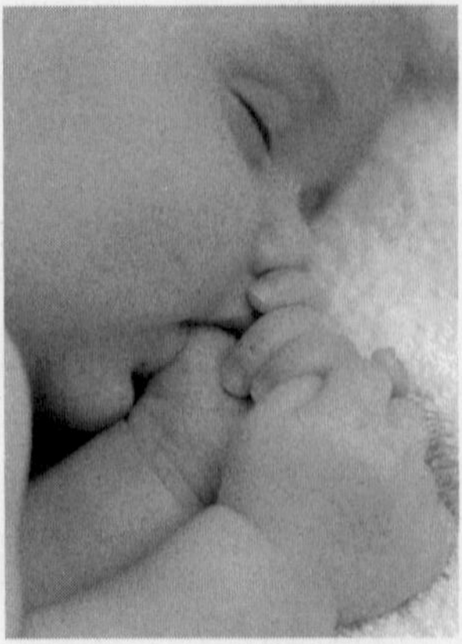

Große Tage für kleine Menschen

Ein Kind ist ein Buch,
aus dem wir lesen
und in das wir schreiben sollen.

Geburt

Der Erwachsene achtet auf Taten,
das Kind auf Liebe.
Aus Indien

**Tu einem Kind Ehre an,
und es wird dir Ehre antun!**
Aus Rhodesien

Kinderland, du Zauberland,
Haus und Hof und Hecken.
Hinter blauer Wälderwand
spielt die Welt Verstecken.
Detlev von Liliencron

Denn wir können die Kinder
nach unserem Sinne nicht formen,
so wie Gott sie uns gab,
so muss man sie haben und lieben,
so erziehen aufs Beste
und jeglichen lassen gewähren,
denn der eine hat die,
die anderen andere Gaben.

JOHANN WOLFGANG VON GOETHE

**Wir sollen es mit den Kindern machen,
wie Gott mit uns, der uns am glücklichsten
macht, wenn er uns in freundlichem
Wahne so hintaumeln lässt.**

JOHANN WOLFGANG VON GOETHE

Kinder sind Rätsel von Gott
und schwerer als alle zu lösen,
aber der Liebe gelingt's,
wenn sie sich selber bezwingt.
FRIEDRICH HEBBEL

Kinderseele

**Was eine Kinderseele
aus jedem Blick verspricht!
So reich ist doch an Hoffnung
ein ganzer Frühling nicht.**
HEINRICH HOFFMANN VON FALLERSLEBEN

Ein Kind ist ein Buch,
aus dem wir lesen
und in das wir schreiben sollen.
PETER ROSEGGER

Kinder und Uhren

**Kinder und Uhren dürfen nicht
beständig aufgezogen werden,
man muss sie auch gehen lassen.**
JEAN PAUL

Geburt

Stolz und glücklich melden wir,
dass ein Junge, stramm und kräftig,
gestern angekommen hier.
.... heißt er und schreit heftig.
Doch wir hoffen, mit der Zeit
wird daraus noch Heiterkeit.
Schon jetzt, schon in der Wiege,
sieht man die künftigen Siege.

Gustav Falke

In der Natur ist keine Freude
so erhaben und rührend
wie die Freude einer Mutter
über das Glück ihres Kindes.

Jean Paul

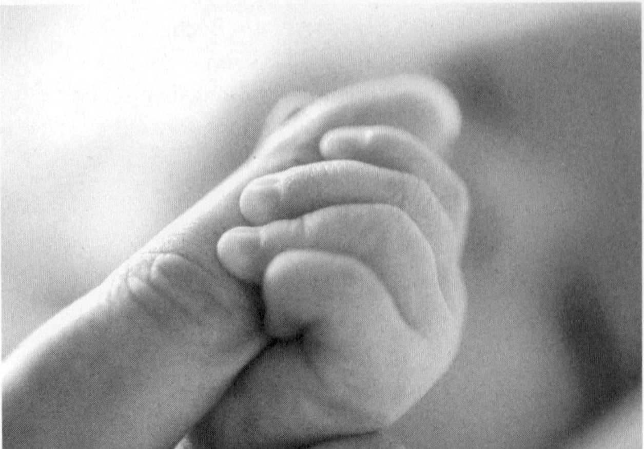

Geburtsanzeigen

(Name des Kindes)
Liebe Schwester, wenn du folgende Spielregeln beachtest, können wir gut miteinander auskommen:

- Mama und Papa gehören dir zu maximal 50 %.
- In der Badewanne sitzt du beim gemeinsamen Baden auf der Stöpselseite.
- Sollte ich mit Mami und Papi Streit haben, hältst du zu mir.
- Ich werde dich später immer beschützen, dafür stellst du mich aber deinen Freundinnen vor.
- Ich bin der Chef im Ring, und fang bloß nicht immer an zu heulen.
- Ach ja, meine kleine Schwester ist so schwer wie ... Tafeln Schokolade (... g) und ... cm lang und ist am ... (Datum) auf die Welt gekommen.

So, jetzt wisst ihr es alle. Euer ...
(Name des Brüderchens)

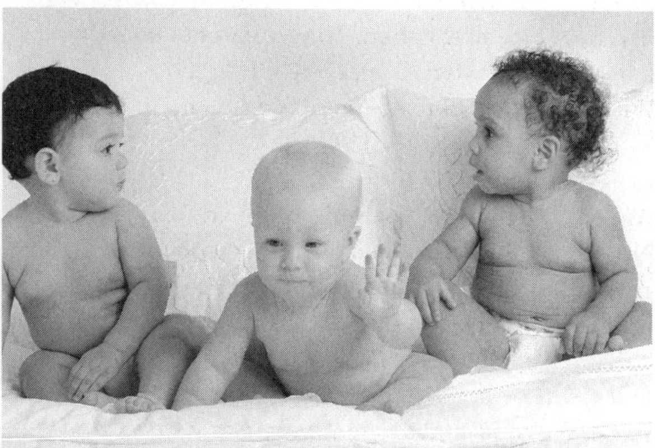

... (Name des Kindes)
ist da! Herzlich willkommen auf dieser Welt! Neun Monate habe ich dich unter meinem Herzen getragen. Ganz gespannt haben wir deine sanften Klopfzeichen wahrgenommen und fasziniert beobachtet, wie deine kleinen Füßchen und dein Po lustige Beulen auf meinen Bauch gemalt haben. Nun ist es endlich so weit, dass wir dich in den Arm nehmen können.
Wir haben dich ganz doll lieb! Mama und Papa.

Wie ein Stern am Himmelszelt, wie eine Kerze, die die Nacht erhellt, wie ein kleiner Sonnenschein, so kam am ... (Datum) ... (Name des Kindes) in unser Leben hinein. Fein sind Arme, Beine und das Gesicht, und doch hat das Kindlein schon ... g Gewicht. Ganze ... (Größe) cm sind es schon, beim Weinen hat es bereits einen kräftigen Ton. Es freuen sich die glücklichen Eltern: ... (Namen der Eltern und Anschrift)

In der Kinderwelt steht
die ganze Nachwelt vor uns,
in die wir
wie Moses ins gelobte Land
nur schauen, nicht kommen.

JEAN PAUL

Wer ohne Kinder lebt,
der weiß von keinem Leid;
Wer ohne Kinder stirbt,
der weiß von keiner Freude.

VERFASSER UNBEKANNT

Von Herzen wünschen wir dir, ...,
dass du in deinem Leben offenen Händen begegnest;
Händen die dich begleiten,
die dir geben, die dich stützen;
Hände, die lieben, die zärtlich sind und trösten können.

VERFASSER UNBEKANNT

Menschenjunges, hier ist dein Planet.
Hier ist dein Bestimmungsort, kleines Paket.
Freundliches Bündel, willkommen herein,
möge das Leben hier gut zu dir sein!

VERFASSER UNBEKANNT

Vier Füße

Vier Füße, groß bis mittelklein,
gingen lange Zeit allein.
Jetzt gehen bald auf Schritt und Tritt,
zwei winzig kleine Füße mit.

VERFASSER UNBEKANNT

Geburt ist,
wenn sich Himmel und Erde begegnen.

VERFASSER UNBEKANNT

Mit jedem neugeborenen Kind
geht eine kleine Sonne auf.

VERFASSER UNBEKANNT

Zur Geburt

Wir wünschen euch und eurem Kinde
an Glück, so viel das Herz nur fasst.
Und ein Willkommensangebinde
sei Gruß dem neuen Erdengast.

Er soll ein braver Junge werden
und euch zur Freude gut gedeih'n.
Ihm leuchte im Gestrüpp auf Erden
des Lebens schönster Sonnenschein.

Euch Eltern aber sei beschieden,
was ihr nur wünscht für euch und ihn.
Im kleinen Heim soll Lust und Frieden
bestehen als des Daseins Sinn!

FRIEDRICH HEBBEL

Dem kleinen Schatz

Im Märchenbuch, da gibt es gute Feen,
die an der Wiege eines Kindes stehen,
um diesem Menschlein, das so neu im Leben,
viel gute Wünsche mit auf den Weg zu geben!

Die Märchenwesen haben abgenommen,
doch gute Wünsche sind auch heute noch willkommen!
Dem kleinen Schatz, der aus der Wiege lacht,
seien die besten dargebracht.

VERFASSER UNBEKANNT

Wenn ein Kind das Licht der Welt erblickt

Stets wenn ein Kind das Licht der Welt erblickt,
hat unser Herr ein Stück sich selbst geschickt.
Es heißt, die Liebe ist noch nicht verschwunden,
ein neuer Engel hat zu uns gefunden!

VERFASSER UNBEKANNT

Eurem Kinde

Könnt ihr nichts anderes eurem Kinde geben,
gebt ihr ihm damit doch das Stück vom Leben,
das wichtig ist – und das es weitergibt.
Denn richtig lebt nur der, der wirklich liebt!

VERFASSER UNBEKANNT

Glückliche Kindheit

Wie viel an Glück dieses Kind mag euch schenken,
dabei sollt eines ihr doch stets bedenken:
Es ist Gottes Gabe, euch hat er erkoren,
aus eurer Liebe wurde es geboren.

Drum sollt ihr Liebe horten nicht und sparen,
man kann kein Glück im Banksafe aufbewahren!
Verschwendet man´s, verzinst sich´s allemal:
Glückliche Kindheit – bestes Kapital!

VERFASSER UNBEKANNT

Was du deinen Eltern schuldig bist

Was du deinen Eltern schuldig bist,
weißt du erst,
wenn du selber ein Kind hast.

JAPANISCHES SPRICHWORT

Taufe

Unser Wunsch ist wohl bedacht:
Für das sei immer frei und offen,
was das Leben sinnvoll macht:
Zu lieben, zu glauben, zu hoffen!
Verfasser unbekannt

Wir bringen ein Kind zur Taufe.
Gott gebe, dass es bald laufe.
Wir wünschen, dass es gedeihe
und nicht zu oft schreie.
Verfasser unbekannt

Glücklicher Säugling!

Dir ist ein unendlicher Raum noch die Wiege;
werde Mann, und dir wird eng die unendliche Welt.
Friedrich von Schiller

Drei Engel

Drei Engel mögen dich begleiten
für deine ganze Lebenszeit.
Die Englein, die ich meine,
sind Frohsinn, Glück, Zufriedenheit.
Verfasser unbekannt

Das Buch des Lebens

Herr, Gott, schreib in das Buch des Lebens
unsres kleinen Täuflings Namen ein,
und lass ihn nicht vergebens
in deinem Namen getaufet sein.

VERFASSER UNBEKANNT

Mach uns mit dir vertraut –
und unser Inneres hell.
Öffne Herz und Verstand für deine Wohltaten –
weit und breit
für deine Verheißungen –
immer und ewig
für deine Herrschaft –
über alles und jedes
für deine Entscheidungen –
abgründig und tief.

FRANZ VON ASSISI

Dem Täufling mög' es immer wohl ergehen!
Ihm und den Eltern gratuliert man gern.
Es möge unter einem guten Stern
das ganze Leben der Familie stehen!

VERFASSER UNBEKANNT

Viel Glück dem Kleinen!

Unser Wunsch: Viel Glück dem Kleinen!
Mög' dem Täufling leuchtend-froh
stets die helle Sonne scheinen –
und den Eltern ebenso!

VERFASSER UNBEKANNT

Zum Tauftag

**Zum Tauftag bringen wir die Wünsche dar,
die wir in unseren Gedanken hegen:
An jedem Tage und auf allen Wegen
begleite Gottes reicher Vater-Segen
den kleinen Täufling und das Elternpaar!**

VERFASSER UNBEKANNT

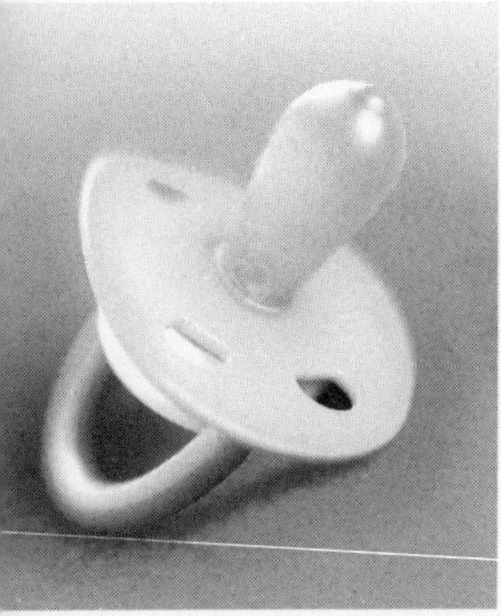

Herzlich alles Beste

Der Gruß ist wirklich gut gemeint:
Wir wünschen herzlich alles Beste
zu diesem feierlichen Feste,
das Jung und Alt so froh vereint.
Der Tauftag möge allgemein
und rundum voller Freude sein!

VERFASSER UNBEKANNT

Schulanfang

Liebe/r ...,
die Kindergartenzeit liegt nun hinter dir –
zu deinem Schulanfang gratulieren wir!
In der Schule lernst du jetzt das Alphabet
und wie Lesen, Rechnen und Schreiben geht.
Verfasser unbekannt

Liebe/r ...,
ist es nicht schön,
ab heute darfst auch du in die Schule gehen!

Fast sieben Jahr sind vorbei,
seit du tatst den ersten Schrei.
Du hast unser Leben vollkommen gemacht,
durch dich wurde schon oft geweint und gelacht.
So vieles durften wir gemeinsam erleben,
du hast uns bis heute reichlich gegeben.
Heute ist nun dein großer Tag,
und niemand weiß, was noch kommen mag!
Die Zeit hat auch für dich bestimmt,
dass heute der „Ernst des Lebens" beginnt.
Egal, was auch kommt, was auch immer geschieht,
du sollst nie vergessen: Wir haben dich lieb!
Verfasser unbekannt

Kindergartenzeit adé

Kindergartenzeit adé,
jetzt lernst du das ABC.
Stolz wirst du den Ranzen tragen
und neugierig so manches fragen.
VERFASSER UNBEKANNT

Rechnen und Lesen ist nicht schwer,
wir hoffen, die Schule gefällt dir sehr.
VERFASSER UNBEKANNT

Nimm die Schule stets so ernst,
dass du ihren Sinn erfasst:
Wichtig ist, dass du was lernst!
Mitgemacht und aufgepasst!

Nimm zum heutigen Schulbeginn
meine besten Wünsche hin:
Dass die Schulzeit schmackhaft sei,
so wie diese Leckerei

Pass auf! Man kann in allen Stunden
der Schulzeit Nützliches entdecken.
Lass dir das Lernen immer munden!
Und lass dir meine Gaben schmecken!
VERFASSER UNBEKANNT

Ein neuer Abschnitt nun beginnt,
wir wünschen, dass es dir gelingt,
stets fröhlich und vergnügt zu bleiben
auch beim Lesen, Rechnen und Schreiben.
VERFASSER UNBEKANNT

Ideen für die Schultüte

Was kann alles hinein?

- Süßigkeiten aller Art, Knabbereien (Erdnussflips, Erdnüsse)
- Studentenfutter, getrocknete Apfelringe
- eine Packung Filzstifte, Radiergummi und Bleistifte, Blöcke
- ein Heft mit Regeln für den Straßenverkehr
- kleine Lego- oder Playmobilpäckchen
- ein Springseil
- Seifenblasen
- Hörspielkassetten
- kleines Spielzeug, kleines Stofftier
- ein Malkasten
- Bastelzeug (Schere, Kleber, Schablonen)
- ein kleines Buch
- ein kleines Album, in das Fotos vom eigenen Schulanfang eingeklebt werden können
- ein Poesiealbum
- eine stabile Trinkflasche
- ein kleiner Regenschirm
- ein Wecker
- einen Gutschein für einen Ausflug, Zoobesuch o.ä.
- ein T-Shirt
- eine Armbanduhr
- Haargummis für Mädchen
- Kinderzahnpasta
- ein Umhängeportmonee
- ein kleines Armband oder Ohrringe
- Schlüsselanhänger
- kleine Plastikfiguren
- eine Dose für das Pausenbrot
- eine Schirmmütze
- eine lustige Fahrradhupe

Schultüte zum Selbstbasteln

Man benötigt:

- Geschenkpapier
- rotes und blaues Tonpapier
- Ringelband
- gelbes Krepppapier
- Klebeband
- einen Bleistift
- einen Faden
- einen Cutter
- eine Schere und einen Klebestift.

1. Mit dem Bleistift zieht man auf dem roten Tonpapier einen Halbkreis.

2. Dazu bindet man den Bleistift an einen Faden und hält den Faden an einer der unteren Ecken fest. So erhält man einen gleichmäßigen Strich.

3. Den Bogen an der Bleistiftlinie entlang abschneiden. Die längste Seite des Blattes mit Klebestift einstreichen (0,5 cm) oder einen Streifen doppelseitiges Klebeband verwenden.

4. Von der kurzen Seite des Blattes her eine Tüte rollen und festkleben.

5. Einen zehn Zentimeter breiten Krepppapierstreifen außen an der Tütenöffnung ankleben.

6. Die Klebestelle mit einem zwei Zentimeter breiten Tonpapierstreifen verdecken.

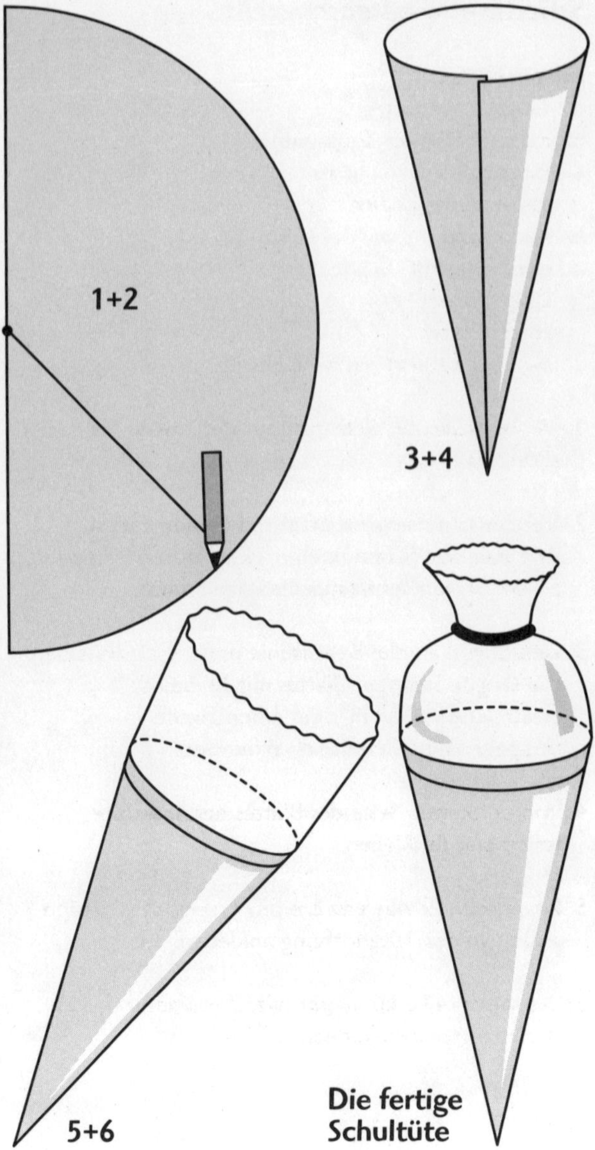
1+2
3+4
5+6
Die fertige Schultüte

Von den Großeltern

Liebe/r ...,
jetzt bist du schon sechs, und die Zeit hat bestimmt,
dass nun der Ernst des Lebens beginnt.
Die Schulzeit wird nicht einfach sein,
doch du erlebst sie ja nicht ganz allein.
Was auch passiert, was das Leben auch bringt,
du sollst nie vergessen: Ich liebe dich, mein Enkelkind.

VERFASSER UNBEKANNT

**Esel und Ochsen zu kommandieren,
das ist nicht schwer.
Aber Kinder auf eine liberale Art zu erziehen,
das ist eine ebenso mühselige wie schöne Aufgabe.**

ERASMUS VON ROTTERDAM

Zwei Dinge sollen Kinder von ihren Eltern bekommen:
Wurzeln und Flügel.

JOHANN WOLFGANG VON GOETHE

Dass du jetzt zur Schule musst

Dass du jetzt zur Schule musst,
braucht dich nicht zu kränken.
Gehe hin mit Mut und Lust,
sollst immer daran denken:
Es ist nicht bloß Unterricht,
manchmal ist auch Pause.
Und Ferien gibt es ziemlich viel,
dann bist du zu Hause
und hast reichlich Zeit fürs Spiel.

Verfasser unbekannt

Einen Menschen erziehen heißt,
ihm zu sich selbst verhelfen

Peter Altenberg

Die Kinderzeit ist abgetan,
nun fängt einer neuer Abschnitt an.
Mit Gottvertrauen steig weiter
empor auf deiner Lebensleiter!

Verfasser unbekannt

Konfirmation und Kommunion

Gut zu denken, gut zu handeln,
mit den Menschen freundlich wandeln
auf der kurzen Lebensreise,
nach Vollkommenheit zu ringen
und die Zeit gut hinzubringen,
das sei deine Lebensweise.

Verfasser unbekannt

**Sieh nicht, was andre tun,
der andern sind so viel,
du kommst nur in ein Spiel,
das nimmermehr wird ruhn.
Geh einfach Gottes Pfad,
lass nichts sonst Führer sein,
so gehst du recht und grad,
und gingst du ganz allein.**

Christian Morgenstern

Segen der Zufriedenheit

So wie der Himmel seinen Segen
auf blühende Gefilde streut,
so streue Gott auf deinen Wegen
den Segen der Zufriedenheit!

Verfasser unbekannt

Kennst du den Stern

Kennst du den Stern,
der durch das Leben glänzet,
der jede Freude,
jeden Schmerz bekränzt,
der Blumen bringt,
wenn auch der Frühling flieht,
der fort und fort
in gleicher Schönheit glüht?
O, hüt ihn, dass kein Zweifel
ihn dir raube:
Es ist dein höchstes Glück,
es ist der Glaube.

VERFASSER UNBEKANNT

Anfang, Lauf und Ende

Anfang, Lauf und Ende
befiehl in Gottes Hände!
Denn, was mit Gott ist angefangen,
ist niemals übel ausgegangen.

VERFASSER UNBEKANNT

Zu steh´n in frommer Eltern Pflege,
welch schöner Segen für ein Kind!
Ihm sind gebahnt die rechten Wege,
die vielen schwer zu finden sind.

LUDWIG UHLAND

**Wenn ein Mensch mit Gott gut steht,
der steht wohl, wenn's übel geht;
denn er kann die höchsten Gaben,
Vater, Bruder, Tröster haben.**

FRIEDRICH VON LOGAU

Alles fügt sich und erfüllt sich,
muss es nur erwarten können
und dem werden deines Glückes
Jahr und Felder reichlich gönnen.

CHRISTIAN MORGENSTERN

**Sei unbetört und unverstört!
Was zu des Lebens Glück gehört,
hat dir ein Gott gegeben;
und was er dir nicht gab, gehört,
o glaub es, nicht zum Leben.
Was du nicht hast, das ist die Last,
die du nicht aufgeladen hast;
du hast die Lust am Leben.
Sei unverstört und unbetört!
Was zu des Lebens Lust gehört,
das hat dir Gott gegeben.**

FRIEDRICH RÜCKERT

Was dir der Himmel schickt,
das nimm du dankbar an;
und ist es minder gut,
so ist's doch so getan,
dass es ein guter Mut
zum Besten wenden kann.

FRIEDRICH RÜCKERT

So sagt Gott:
Fürchte dich nicht, denn ich bin mit dir und will dich.
(1. Moses 26, 24)

Gott segne dich und behüte dich; Gott lasse das
Angesicht leuchten über dir und sei dir gnädig;
Gott habe das Angesicht auf dich und gebe dir Frieden.
(4. Moses 6, 24-26)

Gott sagt:
Niemals werde ich dir meine Hilfe entziehen,
nie dich im Stich lassen.
(Josua 1, 5b)

Erhalte meinen Gang auf deinen Wegen,
dass mein Fuß nicht ausgleitet.
(Psalm 17, 5)

**Gott ist mein Fels und meine Burg,
meine Rettung, mein Gott,
auf den ich mich verlasse.**
(Psalm 18, 3)

Gott ist mein Hirte, mir wird nichts mangeln.
(Psalm 23,1)

**Und wenn ich durch finsteres Tal muss,
so fürchte ich doch kein Unglück,
denn du bist bei mir.**
(Psalm 23, 4)

Zeige mir Gott deine Wege
und lehre mich deine Pfade!
(Psalm 25, 4)

**Leite mich in deiner Wahrheit
und lehre mich, denn du,
mein Gott, hilfst.**
(Psalm 25, 5)

**Gott ist mein Licht und mein Wohl;
vor wem sollte ich mich fürchten?
Gott ist meines Lebens Kraft;
vor wem sollte mir grauen?**
(Psalm 27, 1)

Gott, deine Güte reicht,
soweit der Himmel ist,
und deine Treue,
soweit die Wolken gehen.
(Psalm 36, 6)

**Schaffe in mir, Gott,
ein reines Herz, und gib mir einen neuen,
beständigen Geist.**
(Psalm 51, 12)

Bei Gott ist mein Wohl
und mein Selbstvertrauen,
der Fels meiner Stärke,
meine Zuversicht ist Gott.
(Psalm 62, 8)

Wie sich der Himmel über die Erde wölbt,
so umgibt Gottes Liebe alle,
die Gott vertrauen.
(Psalm 103, 11)

**Dein Wort ist meines Herzens Freude und Trost,
denn ich bin ja nach deinem Namen genannt.**
(Jeremia 15, 16)

Gesegnet ist ein Mensch,
der sich auf Gott verlässt
und dessen Zuversicht Gott ist.
(Jeremia 17, 7)

**Wenn ihr mich von ganzem Herzen suchen werdet,
so will ich mich von euch finden lassen.**
(Jeremia 29, 13)

Selig sind die Sanftmütigen,
denn sie werden das Erdreich besitzen.
(Matthäus 5, 5)

Selig sind die Barmherzigen,
denn sie werden Barmherzigkeit erlangen.
(Matthäus 5, 7)

Liebet eure Feinde;
segnet, die euch fluchen,
tut wohl denen, die euch hassen.
(Matthäus 5, 44)

Jesus sagt. Ich bin das Licht der Welt.
Wer mir nachfolgt, wird nicht wandeln in der Finsternis, sondern wird das Licht des Lebens haben.
(Johannes 8, 12)

Ein neues Gebot gebe ich euch,
dass ihr einander liebt,
wie ich euch geliebt habe.
(Johannes 13, 34)

Seid fröhlich in Hoffnung,
geduldig in Trübsal,
haltet an am Gebet.
(Römer 12, 12)

Einen anderen Grund
kann niemand legen außer dem,
der gelegt ist:
Jesus Christus.
(1. Korinther 3, 11)

Wo der Geist Gottes ist, da ist Freiheit.
(2. Korinther 3, 17)

Traget einander die Lasten,
so werdet ihr das Gesetz Christi erfüllen.
(Galater 6, 2)

Ihr seid Kinder des Lichtes und Kinder des Tages.
(1. Thessalonicher 5, 5)

Seht, welche Liebe uns der Vater gezeigt hat,
dass wir Gottes Kinder heißen – und es auch sind.
(1. Johannes 3, 1)

Alles Gute zum Geburtstag

Kummer, sei lahm!
Sorge, sei blind!
Es lebe das
Geburtstagskind!

Glückwünsche in verschiedenen Sprachen

Afrikaans
Veels geluk met jou verjaarsdag!

Arabisch
Eid milaad saeed!
oder: Kul sana wa inta/i tayeb/a! (maskulin/feminin)

Badisch
Allis Guedi zu dim Fescht!

Baskisch
Zorionak!

Bayerisch
Ois Guade zu deim Geburdstog!

Bengali (Bangladesch/Indien)
Shuvo Jonmodin!

Berlinerisch
Allet Jute ooch zum Jeburtstach!
oder: Ick wuensch da allet Jute zum Jeburtstach!

Brasilianisch
Parabens a voce! or Parabens e muitas felicidades!

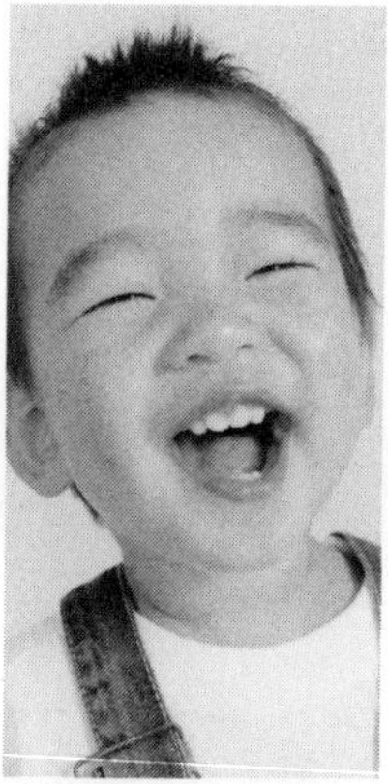

Bulgarisch
Chestit Rojden Den!

Chinesisch (Kantonesisch)
Sun Yat Fai Lok!

Chinesisch (Mandarin)
Sheng Ri Kuai Le!

Dänisch
Tillykke med fødselsdagen!

Englisch
Happy birthday!

Esperanto
Felichan Naskightagon!

Estisch
Palju onne sunnipaevaks!

Finnisch
Hyvaa syntymapaivaa!

Fränkisch
Allmecht! Ich wuensch dir aan guuadn Gebuardsdooch!

Französisch
Joyeux anniversaire!

Gaelisch
Co` latha breith sona dhut!

Griechisch
Efticharismena Gennethlia!
Oder: Chronia polla!

Grönländisch
Inuuinni pilluarit!

Hawaiianisch
Hau`oli la hanau!

Hebräisch
Yom Huledet Same'ach!

Hindi (Indien)
Janam Din ki badhai!
oder: Janam Din ki shubkamnaayein!

Holländisch
Hartelijk gefeliciteerd!
oder: Van harte gefeliciteerd met je verjaardag!

Indonesisch
Selamat Ulang Tahun!

Irisch-Gälisch
La-breithe mhaith agat!
oder: Co` latha breith sona dhut!
or Breithla Shona Dhuit!

Isländisch
Til hamingju med afmaelisdaginn!

Italienisch
Buon compleanno!

Japanisch
Otanjou-bi Omedetou Gozaimasu!

Kambodschianisch
Som owie nek mein aryouk yrinyu!

Kanadisch-Französisch
Bonne Fête!

Koreanisch
Saeng il chuk ha ham ni da!

Kroatisch
Sretan Rodendan!

Latein
Fortuna dies natalis!

Liechtensteinisch
Haerzliche Glueckwuensche zum Geburtstag!

Luxemburgisch
Vill Gleck fir daei Geburtsdaag!

Malayisch
Selamat Hari Jadi!

Mazedonisch
Sreken roden den!

Mongolisch
Torson odriin mend hurgee!

Navajo
bil hoozho bi'dizhchi-neeji' 'aneilkaah!

Nepalesisch
Janma dhin ko Subha kamana!

Norwegisch
Gratulerer med dagen!

Österreichisch (Wienerisch)
Ois guade winsch i dia zum Gbuadsdog!

Persisch
Tavalodet Mobarak!

Plattdeutsch
Ick wuensch di allns Gode ton Geburtsdach!

Polnisch
Wszystkiego Najlepszego!
or Wszystkiego najlepszego z okazji urodzin!

Portugiesisch (Brasilien)
Parabens pelo seu aniversario!

Portugiesisch
Feliz Aniversario! or Parabens!

Rheinhessisch
Ich gratelier dir aach zum Geburtstag!

Russisch
S dniom razhdjenia!
or Pazdravliayu s dniom razhdjenia!

Saarländisch
Alles Gudde for dei Gebordsdaach!

Sächsisch
Herzlischen Gliggwunsch zum Geburdsdaach!

Sanskrit (Indien)
Ravihi janmadinam aacharati!

Schwäbisch
Aelles Guade zom Gebordzdag!

Schwedisch
Grattis pa fodelsedagen!

Schweizerdeutsch
Es Muentschi zum Geburri!

Serbisch
Srecan Rodjendan!

Slowakisch
Vsetko najlepsie k narodeninam!

Slowenisch
Vse najboljse za rojstni dan!

Spanisch
Feliz Cumpleaños!

Suaheli
Hongera!
or Heri ya Siku kuu!

Taiwanesisch
San leaz quiet lo!

Thailändisch
Suk San Wan Keut!

Tibetanisch
Droonkher Tashi Delek!

Tschechisch
Vsechno nejlepsi k Tvym narozeninam!!

Türkisch
Dogum gunun kutlu olsun!

Ukrainisch
Mnohiya lita! or Z dnem narodjennia!

Ungarisch
Boldog születésnapot! oder: Isten éltessen!

Vietnamesisch
Chuc Mung Sinh Nhat!

Walisisch
Penblwydd Hapus i Chi!

Yiddisch
A Freilekhn Gebortstog!

Zulu (Südafrika)
Ilanga elimndandi kuwe!

Glückwünsche

Sag selbst, was ich dir wünschen soll,
ich weiß nichts zu erdenken.
Du hast ja Küch und Keller voll,
nichts fehlt in deinen Schränken.

Friedrich von Schiller

Heute Nacht
bin ich aufgewacht,
hat mir ein Engel
eine Botschaft gebracht.
Ich sinne hin,
ich sinne her,
was das wohl für
eine Botschaft wär.
Endlich fällt mir's ein:
Heut soll dein Geburtstag sein!

Verfasser unbekannt

**Zum heut'gen frohen Feste
wünsch ich von Herzen dir
das Schönste und das Beste
und deine Liebe mir!
Nimm meinen Wunsch
aus reinem Sinn
und treuer Liebe
freundlich hin!**

Volksgut

Ich wünsche, dass dein Glück
sich jeden Tag erneue,
dass eine gute Tat
dich jede Stund erfreue!
Und wenn nicht eine Tat,
so doch ein gutes Wort,
das selbst im Guten wirkt,
zu guten Taten fort.
Und wenn kein Wort,
doch ein Gedanke schön und wahr,
der dir die Seele mach
und rings die Schöpfung klar.

Friedrich Rückert

Nicht lange will ich meine Wünsche wählen,
bescheiden wünsch ich zweierlei:
Noch fünfzig solcher Tage sollst du zählen
und allemal sei ich dabei!

Eduard Mörike

Es ist dein Geburtstag heute

Als früh ich heute aufgewacht,
da schlug mein Herz vor Freude,
ich hatte gleich daran gedacht,
es ist dein Geburtstag heute.

Verfasser unbekannt

Mit freudigem Herzen
voll Jubel und Glück
bring ich dir mein Wünschen
mit strahlendem Blick.

Gern schenkt' ich dir Blumen
von grünender Flur,
doch jetzt so öde
und leer die Natur.

Indes hat zwei Blümchen
mein Herz dir geweiht,
sie heißen Liebe
und Dankbarkeit.

Die will ich schön pflegen
und sorgsam zieh'n,
damit sie im Herzen
für sich immer blüh'n.

VERFASSER UNBEKANNT

Im Garten blüh'n schon ein Weilchen
Schneeglöckchen, Krokus und Veilchen.
Da hab ich mich nicht lang bedacht
und ein schönes Sträußchen zurechtgemacht.
Das bringe ich dir zum Geburtstagsfest.
Der Frühling dich schön grüßen lässt.
Er sagt, mit allem Sonnenschein
kehrt er so gern bei dir ein,
damit dein neues Lebensjahr
sei sonnig, fröhlich, hell und klar.

FRIEDRICH GÜLL

**Nimm von mir die kleine Gabe,
die ich selbst gebastelt habe,
und den kleinen Wunsch dabei,
dass dir Gott viel Glück verleih'.**

VERFASSER UNBEKANNT

Der Strauß, den ich gepflücket,
grüß' dich viel tausendmal!
Ich hab' mich oft gebücket,
ach, wohl eintausendmal,
und ihn ans Herz gedrücket
viel hunderttausendmal!

JOHANN WOLFGANG VON GOETHE

Kummer, sei lahm! Sorge, sei blind!
Es lebe das Geburtstagskind!

THEODOR FONTANE

**Als du warst ein Kind wie ich,
mochtest du doch sicherlich
an Familienfeiertagen
auch nicht gern Gedichte sagen.
Drum erspar die Verse mir
und nimm einen Kuss dafür.**

VOLKSGUT

Alles Gute wünsch ich dir!
Deine Liebe schenke mir!

VERFASSER UNBEKANNT

Zum Geburtstag

Geburtstag ist wohl ohne Frage
der schönste aller Ehrentage.
Drum wollen wir keine Zeit verlieren,
zum Wiegenfest dir gratulieren.
Wenn wir es auch nicht immer sagen,
wir wissen, was wir an dir haben.
Denk stets daran, vergiss es nicht,
wir lieben und wir brauchen dich.

VERFASSER UNBEKANNT

Zum Geburtstag recht viel Glück,
immer vorwärts, nie zurück,
wenig Arbeit, recht viel Geld,
große Reisen in die Welt,
jeden Tag gesund sich fühlen,
sechs Richtige im Lotto spielen,
ab und zu ein Gläschen Wein,
dann wirst du immer glücklich sein.

VERFASSER UNBEKANNT

Lebe! Liebe! Lache!

Lebe! Liebe! Lache!
Auf diese Weise mache
dein neues Jahr zu einem Fest,
das dich dein Leben feiern lässt.
Es soll das neue Lebensjahr
noch besser sein wie's alte war!

VERFASSER UNBEKANNT

Ich bin ein kleiner Pinkel,
rund und dick.
Ich schlüpfe aus dem Winkel
Und wünsche dir viel Glück!

AUS DER SCHWEIZ

Eltern und Grosseltern

Drum höre mich nun freundlich an,
wünsch ich dir doch das Beste,
von allem, was man wünschen kann,
zum heut'gen frohen Feste.

Der liebe Gott mög dir verleih'n
ein langes, reiches Leben,
was immer nur dich kann erfreu'n,
das möge er dir geben!

Ich aber, das versprech ich dir,
will niemals dich betrüben,
du, liebe Mutter, sollst dafür
auch mich recht herzlich lieben!

Helene Stökl

Jetzt sind wir alle da
und wünschen dir, Papa:
Es kehr noch oft voll Glück
dir dieser Tag zurück!

Verfasser unbekannt

**Dir, lieber Vater, wünschen wir
zu deinem Namensfeste
ein Fass vom besten Märzenbier
und uns dazu als Gäste.**

Verfasser unbekannt

Was kann ich zu deinem Geburtstag dir bieten?
Nichts hab ich, Papa, als diese Blüten;
Doch blicke freundlich auf sie hin,
die Blüten bergen gar schönen Sinn.

Was du an Samen in mich gelegt,
mit sorglicher Liebe gehegt und gepflegt,
das blüht nun in meinem Herzen drin –
des Herzens Blüten, o nimm sie hin!

Und ist das Sträußchen heute noch klein,
aufs Jahr schon, hoff ich, soll's größer sein.
Wie sollte, was in mir wächst, nicht gedeihn,
gibt deine Liebe ihm Sonnenschein!

Und bin ich erst älter und bin ich groß,
dann bring ich dir Früchte, nicht Blüten bloß,
was immer ich werde, dir dank ich es ja,
Gott segne dich, lieber Herzenspapa!

HELENE STÖKL

Wer schafft so emsig im ganzen Haus,
wer sieht stets so lieb und freundlich aus,
wer ist für jeden mit Hilfe da?
Die Großmama!

Wer müht für uns Kinder sich früh und spät?
Wer ist's, der jeden Wunsch errät?
Wer zeigt sich, wenn man sie braucht, stets nah?
Die Großmama!

Wer schlichtet den Streit so liebreich und mild,
wer blickt so gütig, auch wenn sie schilt?
Wer vertritt, wenn sie fern sind, Papa und Mama?
Die Großmama!

Und weil die Großmama uns Kinder so liebt,
für uns es nichts Lieb'res als sie auch gibt.
Du lieber Gott im Himmel hoch,
wir bitten, erhalte uns lange noch
die Großmama!

Helene Stökl

Ich hoffe, Papachen,
es wird dich erfreu'n.
Ich wünsch dir viel Freude,
ich wünsch dir viel Glück,
und dass dein Geburtstag
noch oft kehrt zurück!

Verfasser unbekannt

Mein liebes, gutes Mütterlein,
ist deine Tochter auch noch klein,
so wünscht sie doch heut inniglich:
Der liebe Gott beschütze dich!

VERFASSER UNBEKANNT

Heut, Mutter, ist's ein Jahr,
als wir froh zusammensaßen
und, da dein Geburtstag war,
von dem großen Kuchen aßen.
Damals war ich noch sehr dumm,
konnt nicht lesen und nicht schreiben.
Doch jetzt dreht das Blatt sich um.
Immer dumm kann man nicht bleiben.
Nun, Mamachen, nimm zum Schluss
meinen schönsten Glückwunsch an
und dazu noch diesen Kuss,
weil ich sonst nichts geben kann.

VERFASSER UNBEKANNT

Mein Väterchen, ich liebe dich,
das weißt du ja, herzinniglich,
drum bring' ich zum Geburtstagsfest,
das Schönste, was sich geben lässt:

Ein dankbar Herz, das stets ermisst,
wie freundlich deine Liebe ist,
ein dankbar Herz, das stets erfleht
den Segen Gottes im Gebet.

So leb denn froh noch manches Jahr
Und glücklich in der deinen Schar,
die dich in allen Lebenstagen
auf ihren Händen wollen tragen.

Verfasser unbekannt

Lieb' Mütterlein,
ich bin noch klein,
was soll ich dir geben?
Fürs ganze Leben
das Herzchen mein,
lieb' Mütterlein!

Verfasser unbekannt

Gesund und rüstig immerdar,
und frisch und wohlgemut!
Und auch in diesem Jahr,
bleib deinem Jungen gut!

Verfasser unbekannt

Zu dir, o Mutter, zieh´n der Sehnsucht Schwingen
wehmütig mich am heut´gen Freudentag,
an dem dich deine Kinder einst umfingen
mit Kuss und Wunsch und frohem Herzensschlag.

Jetzt bin ich fern, nur diese Zeilen send ich
als treue Liebesboten zu dir hin;
Denn tief im Herzen fühl ich es lebendig,
wie viel ich dir, du Teure, schuldig bin.

O könnt ich jene Berge überfliegen,
die neidisch stehen zwischen mir und dir!
Beglückt würd ich zu deinen Füßen liegen
und rufen: „Gott erhalt die Mutter mir!"

Verfasser unbekannt

Dem schönen Tag sei es geschrieben!
Oft glänze dir sein heiteres Licht.
Uns hörest du nicht auf zu lieben,
doch bitten wir: Vergiss uns nicht.

Johann Wolfgang von Goethe

Lieber Opa

Eigentlich wollt' ich dir was dichten,
schöne Worte an dich richten,
habe mit dir und mir gerungen,
doch es ist mir nicht gelungen,
dich mit Reimen zu beschreiben,
dich in Reime einzukleiden,
dich mit Reimen zu erfassen,
darum musst ich's eben lassen.

Fünfundsiebzig wirst du morgen,
bist noch ganz fit,
mit wenig Sorgen,
spürst zwar das Alter in den Knochen,
doch Kraft und Mut sind ungebrochen –
hast auch noch Freude an deinem Leben,
das Gott dir gnädig einst gegeben,
und auch dein ...
(Passende Lieblingsbeschäftigung einfügen)
hält dich jung,
das du betreibst mit so viel Schwung –
ja, ja, wir staunen,
Mann oh Mann,
was unser Opa alles kann,
und haben eine große Freude,
dein Fest mit dir zu feiern heute.

Auch danken wir von ganzem Herzen
für all die Freuden, nicht die Schmerzen,
die wir von dir in vielen Jahren
empfangen und erfahren haben.
Mit Frohmut, Kraft und Gottes Segen,
sollst du noch viele Jahre leben,
und diese Zeit mit Oma teilen
und nach dem Eilen stets verweilen –
und plagt euch zwischendurch der Kummer,
dann ruft uns an, ihr kennt die Nummer.

Herzlichen Glückwunsch!

VERFASSER UNBEKANNT

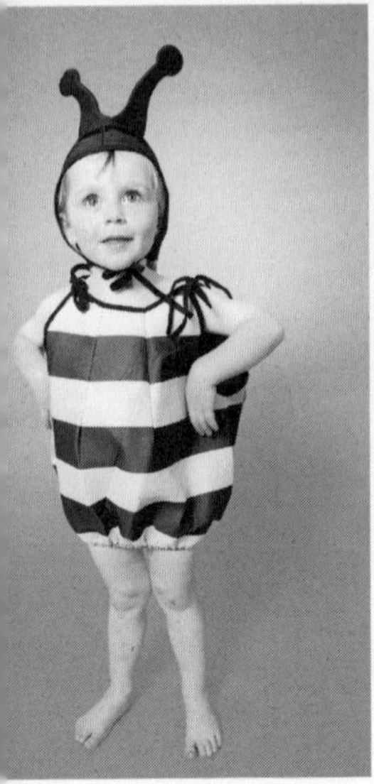

Gesundheit und Wohlergehen

Unaufhaltsam, still und leise
mehren sich die Jahreskreise.
Plötzlich macht im Gang der Zeit
eine runde Zahl sich breit.
Wenn du heute früh erwachst,
hast du die ... voll gemacht.
Ein jedes Jahr hat seinen Sinn,
so wie es kommt, so nimm es hin.
Für alles, was du tust, hab Dank!
Bleib stets gesund, werd niemals krank!

Verfasser unbekannt

Lieber ...,

zum Geburtstag nimm den schönsten Krug,
den ich mit frischem Trank gefüllt.
Ich bring ihn zu dir und wünsche laut,
dass er nicht nur den Durst dir stillt.
Die Zahl der Tropfen, die er hegt,
sei deinen Tagen zugelegt.
Ein Prosit soll erklingen,
viel Glück und Gesundheit es dir bringen.

Verfasser unbekannt

Aus der Ferne
diesen Wunsch:
glückliche Sterne
und guten Punsch!

Jene für immer,
diesen für heut –
und nimm nichts schlimmer
als Gott es beut.

Raffe dich, sammle dich,
eins, zwei, drei,
und verrammle dich
gegen Hirnschlepperei.

Brich, was nichts halten will,
brich es entzwei!
Aber hältst du still –
Ist es vorbei.

Theodor Fontane

Ein glückliches Lebensjahr

Rezept für ein glückliches Lebensjahr:
Man nehme etwas Glück,
von Liebe auch ein Stück,
Geduld, etwas Zeit,
Erfolg und Zufriedenheit.
Das Ganze gut gerührt,
zu langem Leben führt.

Verfasser unbekannt

Heut zu diesem lieben Feste
wünsch ich dir das Allerbeste;
Glück, Gesundheit, langes Leben
möge der liebe Gott dir geben.
VERFASSER UNBEKANNT

**So viel Dorn' ein Rosenstock,
so viel Haar' ein Ziegenbock,
so viel Flöh' ein Pudelhund,
so viel Jahr' bleib du gesund!**
VERFASSER UNBEKANNT

Ein kleines Rezept für die nächsten 365 Tage

Man nehme 12 Monate, putze sie sauber von Bitterkeit, Geiz, Pedanterie und Neid und zerlege jeden Monat in 30 oder 31 Teile, sodass der Vorrat genau für ein Jahr reicht.
Jeder Tag wird dann einzeln angerichtet aus einem Teil Arbeit und zwei Teilen Frohsinn und Humor.

Man füge drei gehäufte Esslöffel Optimismus hinzu, einen Teelöffel Toleranz, ein Körnchen Ironie und eine Prise Takt.
Dann wird die ganze Masse sehr reichlich mit Liebe übergossen!
Das fertige Gericht schmücke man mit Sträußchen kleiner Aufmerksamkeiten und serviere es täglich mit Heiterkeit!
VERFASSER UNBEKANNT

Wandle sorgenfrei und lange
deinen Lebenspfad dahin.
Pflück auf deinem Lebensgange
alle Freuden, die da blühn.

VERFASSER UNBEKANNT

Lobeshymne

Ein Mann, der sich dem Leben anpasst,
der alle Dinge richtig anfasst,
der klar und logisch ist im Denken,
dem jeder kann Vertrauen schenken.
Der selten nur verliert die Ruhe,
eisern die Faust, doch Samthandschuhe;
der mit klugem Rat und Geist
uns stets nützlich sich erweist.
Diplomatie, Sinn für Humor,
dem Freunde stets ein offnes Ohr,
nie müde, heißt es „Hoch die Tassen",
auf den kann jeder sich verlassen.
Wer dies Charakterbild betrachtet
und ist auch geistig nicht umnachtet,
dem ist so klar wie Sonnenschein,
das kann doch nur der .... sein.

VERFASSER UNBEKANNT

Das Älterwerden

**Die Falten um die Stirne dein,
lass sie nur heiter ranken;
das sind die Narben, die darein
geschlagen die Gedanken.**

Joseph Victor von Scheffel

Welche Freude, wenn es heißt:
„Alter, du bist alt an Jahren,
blühend aber ist dein Geist."

Gotthold Ephraim Lessing

**Gold und Lachen
können das Alter
zur Jugend machen.**

Talmud

Es ist seltsam mit dem Alter

Es ist seltsam mit dem Alter,
wenn man zehn und noch ein Kind,
weiß man glasklar, dass das Alter
so um zwanzig rum beginnt.

Ist man aber selber zwanzig,
denkt man nicht mehr ganz so steif,
glaubt jedoch, genau um vierzig
sei man für den Sperrmüll reif.

Vierziger, schon etwas weiser
und vom Leben schon geprägt,
haben den Beginn des Alters
auf Punkt sechzig festgelegt.

Sechziger mit Hang zum Grübeln
sagen dumpf wie ein Fagott,
achtzig sei die Altersgrenze
und von da an sei man Schrott.

Doch die Achtziger, die Klugen,
denken überhaupt nicht dran.
Jung sind alle, die noch lachen,
leben, lieben, weitermachen.
Alter? – Fängt mit hundert an!

Verfasser unbekannt

Alt werden, das ist Gottes Gunst.
Jung bleiben, das ist Lebenskunst.
SPRICHWORT

Glücklich, wem von allen Gaben
klaren Sinn die Götter gaben.
SOPHOKLES

Älter werden schließlich alle.
Doch eines gilt in jedem Falle.
Jeweils alle Lebenszeiten
haben ganz besondre Seiten.
Wer sie sinnvoll nutzt mit Schwung,
der bleibt sicher 100 Jahre jung.
VERFASSER UNBEKANNT

Wieder ist ein Jahr vergangen,
grad erst hat es angefangen,
tröste dich und bleibe froh,
andern geht es ebenso,
lasse dich durch nichts verdrießen,
frohe Stunden zu genießen,
dann sagst du in einem Jahr,
dieses Jahr war wunderbar.
VERFASSER UNBEKANNT

Das ist des Alters Los auf Erden,
dass alle Rechte zu Pflichten werden.
PAUL HEYSE

Das Rezept, uralt zu werden

Alt macht nicht die Zahl der Jahre,
alt machen nicht die grauen Haare,
alt ist, wer den Mut verliert
und sich für nichts mehr interessiert.
Drum nimm alles mit Freud´ und Schwung,
dann bleibst du auch im Herzen jung.
Zufriedenheit und Glück auf Erden,
sind das Rezept, uralt zu werden.
VERFASSER UNBEKANNT

Das Alter ist ein höflich' Mann:
Einmal übers andre klopft er an,
aber nun sagt niemand: „Herein!"
Und vor der Türe will er nicht sein.
Da klinkt er auf, tritt ein so schnell,
und nun heißt's, er sei ein grober Gesell.
JOHANN WOLFGANG VON GOETHE

Wer es dahin gebracht, dem eigenen
Leben zuschauen zu können, ist den
Leiden des Lebens entkommen.
OSCAR WILDE

Von Null zu Null

Die erste Null ist ein Erlebnis,
die zweite nimmt man stolz und leicht,
die dritte Null wird als Ergebnis
meist mühelos und glatt erreicht.

Die vierte Null, mit Schwung erklommen,
kennt gleichfalls keinerlei Problem,
doch ehrlich und genau genommen
ist sie bisweilen unbequem.

Die fünfte Null trägt man mit Würde,
man fühlt sich fit, wie einst im Mai,
die so genannte Halbzeit-Hürde
ist aber sicher schon vorbei.

Die sechste Null zwingt heimlich leise
den Lebenssommer in die Knie,
doch weiter geht die große Reise
mit Zuversicht und Energie.

Die sieb'te Null beschert und spendet
Verehrung, Achtung, auch Respekt,
dem eig'nen Dasein zugewendet
hat mancher schon sich selbst entdeckt.

Die nächste Null tritt dann als achte
kalendermäßig auf den Plan,
nicht stürmisch laut, nein – sachte, sachte
den stillen Dingen zugetan.

Die neunte Null gesund erleben
bleibt meist ein frommer, stiller Traum,
das Fragen und das Antwortgeben
steh'n wie ein Fels im leeren Raum.

So reiht sich eine Null zur andern,
sie fügen sich wie Stein auf Stein,
Gott schenkt uns Leben, lässt uns wandern,
er lehrt uns auch zufrieden sein.

Verfasser unbekannt

Geburtstag

Das große Glück, noch klein zu sein,
sieht mancher Mensch als Kind nicht ein
und möchte, dass er ungefähr
so 16 oder 17 wär.

Doch schon mit 18 denkt er: „Halt!
Wer über 20 ist, ist alt."
Warum? Die 20 sind vergnüglich –
auch sind die 30 noch vorzüglich.

Zwar in den 40 – welche Wende –
da gilt die 50 fast als Ende.
Doch in den 50, peu à peu,
schraubt man das Ende in die Höh!

Die 60 scheinen noch passabel
und erst die 70 miserabel.
Mit 70 aber hofft man still:
„Ich schaff die 80, so Gott will."

Wer dann die 80 biblisch überlebt,
zielsicher auf die 90 strebt.
Dort angelangt, sucht er geschwind
Nach Freunden, die noch älter sind.

Doch hat die Mitte 90 man erreicht
– die Jahre, wo einen nichts mehr wundert –,
denkt man mitunter: „Na – vielleicht
schaffst du mit Gottes Hilfe auch die 100!"

VERFASSER UNBEKANNT

„Runde" Geburtstage

Zur Volljährigkeit

Liebe/Lieber ...
Nun ist es auch bei dir soweit,
herzlichen Glückwunsch zur Volljährigkeit.
Ab heute kannst du tun und machen
alle die verrückten Sachen,
die dir das Gesetz und die Eltern nicht erlaubten,
weil sie dich noch zu jung dafür glaubten.

Doch so einfach, wie du denkst, ist das nicht,
es gibt neben der Kür auch eine Pflicht,
das heißt, die Verantwortung für
dein Handeln und Denken,
kannst du nicht mehr auf deine Eltern lenken.

Du wirst viele neue Wege gehen
und erst nach Jahren wirst du sehn,
waren sie gut?

Wenn nicht, schaue trotzdem weiter voraus
und denke immer, ich lerne daraus.

Dass dir dies möge stets gelingen
wünschen ... aus .... ingen

Verfasser unbekannt

Ein Vers zu Schnapszahl-Geburtstagen

Deine Schnapszahl ist vollbracht,
... (66) Jahre sind geschafft!
Bis heute war es keine Frage,
Du bist noch immer Herr der Lage.
Humorvoll und im Herzen jung und munter,
spulst du die nächsten ... (44) lässig runter!

VERFASSER UNBEKANNT

Zum 40sten

Mit zwanzig regiert der Wille,
mit dreißig der Verstand
und mit vierzig das Urteilsvermögen.

BENJAMIN FRANKLIN

Zum 50sten

Zu fünfzigen fehlt nur noch eins:
In Gottes Namen immer weiter!
Nur mutig, nur gesund und heiter!
Dein Glück, dein Leben ist auch meins.
EDUARD MÖRIKE

Erst mit 50 ist man wer

Jugendfrische hin und her,
erst mit 50 ist man wer.
Schönheitspflege und Diät,
es wird versucht, was alles geht.
Denn mit 50 geht's zur Sache,
nimm´s nicht tragisch, sondern lache!
VERFASSER UNBEKANNT

Der besondere Geburtstag

Geburtstage kennen wir viele im Leben.
Doch nur einen besonderen kann es geben:
den Fünfzigsten, eine magische Zahl.
Er steht mitten im Leben – ein ragendes Mal.
Dieses Denk-Mal, was will es uns eigentlich sagen?
Vielleicht meint jetzt einer, es würde uns fragen:
Was hast du die Jahre, die bisher vergangen,
vollbracht und was hast du angefangen
mit all der Zeit? Was war gut und was schlecht?
Was ist dir gelungen, was nicht so recht?
Was würdest du, ging das heut, anders machen,
sind es viele Dinge oder nur ein paar Sachen?
Auf all diese Fragen Antwort zu geben,
gelingt wohl keinem, denn ein halbes Leben,
das ist vorüber, endgültig vorbei.

Zu ändern ist nichts mehr, was es auch sei.
Und wer glaubt, die Erfahrungen, die er gemacht,
hätten ihm den Stein der Weisen gebracht,
sodass er die kommende Zeit des Lebens
ohne Fehler verbringt, der hofft das vergebens.
Viel sinnvoller ist, statt Gegessenes zu kauen
und Kaffeesatz lesend nach vorne zu schauen,
jeden Tag zu leben, so gut man es kann:
Etwas arbeiten, ausruhen dann und wann,
viel Freundlichkeit schenken, die Stunden genießen,
dafür sorgen, dass Sorgen uns nicht verdrießen,
sich darüber freuen, gesund zu sein,
zu danken, ist man nicht völlig allein,
die Familie und Freundschaften nicht vergessen,
spazieren gehen, lachen und gerne gut essen,
Gespräche führen, sich um andere kümmern,
gute Bücher lesen, bei Wehwehchen nicht wimmern,
und auch bei Schicksalsschlägen Stärke bewahren.
Wenn das alles klappt,
wirst du auch in den kommenden Jahren
das Leben meistern, was es auch bringt.
Dass das dem Geburtstagskind stets gut gelingt,
dieser Wunsch, der soll sich dir ganz erfüllen,
auch wenn wir nicht „Hoch" und „Prösterchen" brüllen,
sondern dir nur leis zu verstehen geben:
Viel Glück, alles Liebe und Gute,
lange sollst du noch leben!

VERFASSER UNBEKANNT

Zum 60sten

Sechzig Jahre sind vergangen,
seit dein Leben angefangen.
Niemals rasten, niemals ruh´n,
für uns alle stets nur Gutes tun.

Verfasser unbekannt

Guten Morgen und Hurra!

Guten Morgen und Hurra!
Die Oma wird heut 60 Jahr.
Bleib, wie du bist, zu jeder Stund.
Vor allem bleib recht lang gesund!
Wir wünschen dir zu deinem Feste
Gesundheit, Glück und nur das Beste!

Verfasser unbekannt

Liebe ...!

60 Jahre
von Gott gegeben,
60 Jahre ein erfülltes Leben,
60 Jahre schaffen und streben,
60 Jahre reiches Erleben.
60 Mal Frühling voll Grünen und Mai,
60 Mal zog blühend der Sommer vorbei,
60 Mal Ernte und herbstliche Pracht,
60 Mal Schnee und Heilige Nacht.
60 Jahre reiche Lebenszeit,
60 Jahre mit Freud´ und Leid.
60 Jahre ging es tief und auch hoch,
60 Jahre – schön war es doch.
60 Jahre hast du glücklich geschafft,
für die kommenden Jahre geben sie Kraft,
glücklich und zufrieden sollen sie sein,
harmonisch und mit recht viel Sonnenschein.
Alles Gute, beste Gesundheit, viel Freude,
Glück und Gottes Segen wünscht dir ....

Verfasser unbekannt

Du mit deinen sechzig Lenzen

Ein Spiegel hängt in deinem Zimmer,
du stehst davor, das Haupt geneigt
und seufzest, weil ein grauer Schimmer
sich an deinen Schläfen zeigt.

Beim Lesen streikt dir die Pupille,
und neue Zähnchen brauchst du bald –
du seufzt und murmelst in der Stille:
Ach ja, ich werd nun langsam alt.

Du seufzt und solltest lieber schmunzeln,
kriegt auch dein Haar einen Silberstich
und deine Stirne ein paar Runzeln,
das ist doch alles äußerlich.

Manch einer ist vielleicht erst zwanzig
und außen herrlich von Gestalt,
doch innen schwunglos, trocken, ranzig
und miesepetrig – das ist alt!

Natürlich kannst du nicht mehr wachsen
mit sechzig – aber immerhin –
so lang du für Humor und Faxen
und Zärtlichkeiten hast 'nen Sinn,

So lange deine Augen glänzen
im Feuer der Begeisterung,
bist du mit deinen sechzig Lenzen
trotz Brille und Gebiss noch jung!

VERFASSER UNBEKANNT

Zum 70sten

O Schreck, o Schreck, die Sechs ist weg.
Doch sei nicht traurig, du wirst schon seh'n,
mit 70 wird ´s erst richtig schön.
Dabei ist nur eines wichtig,
so wie du bist, so ist es richtig.

VERFASSER UNBEKANNT

70 Jahre sind vorbei

70 Jahre sind vorbei,
nicht alle waren sorgenfrei.
Dein neues Lebensjahr sei heiter,
das Schönste auf der Lebensleiter!

VERFASSER UNBEKANNT

Alter heißt nicht graue Haare!

Sonne und Regen, die wechseln sich ab,
mal geht's im Schritt, mal geht's im Trab!
Fröhlichkeit, Traurigkeit – beides kommt vor,
eines ist nur wichtig, trag's mit Humor,
denn Alter ist nicht Zahl der Jahre,
Alter heißt nicht graue Haare!
Nur wer im Alter den Humor behält,
erreicht viel mehr als Gut und Geld.
Du musst nur alles fröhlich sehn,
dann ist es auch mit 70 schön.

VERFASSER UNBEKANNT

Zum 80sten

80 Jahre sind es wert,
dass man dich besonders ehrt.
Darum wollen wir dir heute sagen,
es ist schön, dass wir dich haben!
VERFASSER UNBEKANNT

Zum 90sten

Heute ist dein Ehrentag,
an dem dich jeder gerne mag.
Und wer dich ein bisschen kennt,
sagt im Stillen sich: Moment!
Ist das denn tatsächlich wahr?
Wird sie wirklich 90 Jahr'?
Sie ist doch so jung geblieben!
Wir, die dich von Herzen lieben,
wünschen dir heute alles Gute.
Bleibe stets so froh zu Mute.
VERFASSER UNBEKANNT

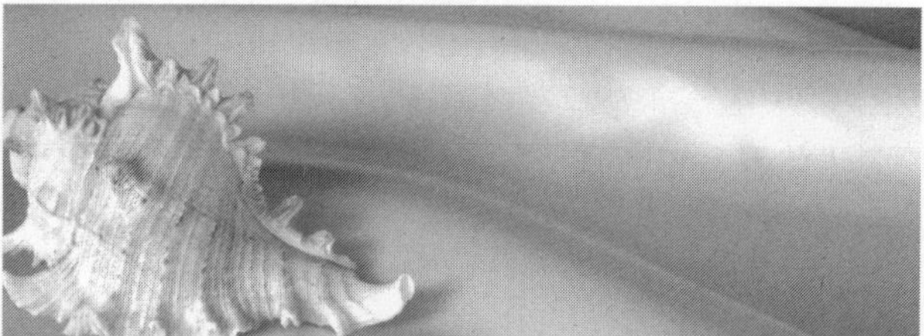

Ideen für Geldgeschenke

Eingefrorenes Vermögen
Dieses Geschenk braucht einige Tage Vorbereitungszeit.

Man benötigt dazu:

- ein gefrierfestes Gefäß, z.B. einen kleinen Eimer
- eine kräftige Schnur
- einige Geldstücke.

Man füllt das Gefäß ca. drei bis vier Zentimeter hoch mit Wasser, gibt ein paar von den Münzen und einen Teil der Schnur hinein, deren langes Ende etwa einen Meter aus dem Gefäß heraushängen soll. Das Ganze stellt man dann ins Gefrierfach, bis es gefroren ist. Dann füllt man die nächste, ebenso hohe Schicht Wasser mit Münzen ein und wiederholt den Vorgang so lange, bis das Gefäß vollkommen mit Eis und Münzen gefüllt ist.

Zur Feier wird der Eisblock aus dem Behälter gelöst und an seiner Schnur gut sichtbar in einer Ecke des Festraumes aufgehängt. Darunter wird der Behälter mit einem Sieb gestellt, um die aus dem langsam schmelzenden Eis frei werdenden Münzen und das Wasser aufzufangen. Das Klingen der herabfallenden Geldstücke sorgt für munteren Gesprächsstoff während der Feier.

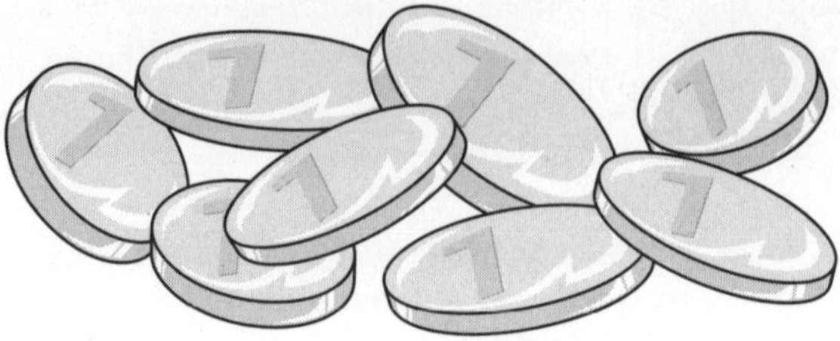

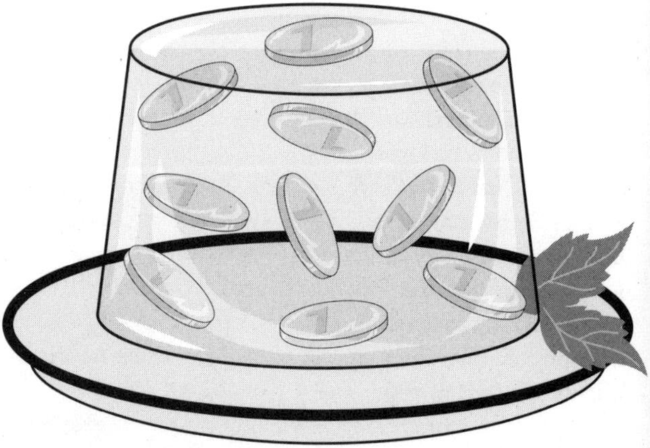

Götterspeise-Geld
Ein Geschenk, das nicht nur bei Erwachsenen, sondern auch bei Kindern viel Freude auslöst.

Man benötigt dazu:
- sehr viel Götterspeise (in verschiedenen Farben)
- eine große Schüssel (oder eine Wanne)
- einige Euro-Münzen.

Die Götterspeise wird nach Anleitung zubereitet und in das Gefäß gefüllt. Wenn die Masse beginnt fest zu werden, gibt man die Münzen hinein, sodass sie nicht alle auf den Boden fallen, sondern sich verteilen. Ist die Süßspeise fertig, kann man sie noch dekorieren.
Der Beschenkte muss sich dann an die Geldstücke heranlöffeln.
Je nachdem, für welche Gelegenheit das Geschenk bestimmt ist, kann man ein größeres oder kleineres Gefäß wählen, sodass auch mehrere Gäste am Auslöffeln teilnehmen können. Bei einem Kindergeburtstag z.B. löst das große Begeisterung aus.

Das Gutschein-Buch

Eine gute Idee für alle Gelegenheiten, zu denen man etwas verschenken möchte, ob zum Geburtstag, zum Muttertag, zur Silberhochzeit oder als Geschenk für die Liebste/den Liebsten.

Als „Buch" kann man nehmen, was man möchte: ein kleines Ringbuch, ein großes DIN A 4-Heft, selbst gebundenes farbiges Papier oder einfach nur ein paar schmale Streifen, die man zusammenheftet. Der Kreativität sind keine Grenzen gesetzt, am schönsten sind jedoch immer ein kleines Format und eine nicht zu nüchterne Gestaltung.

Wofür die Gutscheine sind und wie viele das Buch enthalten soll, muss man selbst entscheiden. Es können z.B. zehn Bons darin sein, von denen neun für mehr oder weniger kostenlose Leistungen sind (Bügeln, Rasen mähen, ein Videoabend zu zweit, Kuchen backen etc.) und ein Gutschein für ein wertvolleres Geschenk (eine kleine Reise, ein opulentes Essen). Was verschenkt wird, hängt vom Empfänger ab und kann auch mal etwas lustiger ausfallen. Das bleibt jedem selbst überlassen.

Ich liebe die,
die mich lieben
und die mich suchen,
finden mich.

Verse für die Liebsten

Muttertag

**Die Mutter trägt im Leibe
das Kind dreiviertel Jahr;
die Mutter trägt auf Armen
das Kind, weil's schwach noch war;
die Mutter trägt im Herzen
die Kinder immerdar.**

Friedrich von Logau

So weich und warm
hegt dich kein Arm,
wie dich der Mutter Arm umfängt.
Nie findest du
so süße Ruh,
als wenn dein Aug an ihrem hängt.

Paul Heyse

**Vom Vater hab´ ich die Natur,
des Lebens ernstes Führen,
vom Mütterchen die Frohnatur,
die Lust zu fabulieren.**

Johann Wolfgang von Goethe

Ein Band wir Mutter bringen,
das reichet Liebe dar,
das soll dich fest umschlingen
am Tag, der dich gebar.

Von Gold ist's keine Kette,
kein Stoff aus fernem Land,
es ist an ihrer Stätte,
ein fest gewobnes Band.

Wohl rührt, befreit vom Harme,
dein Herz darunter sich.
Sieh! Deiner Kinder Arme
umschlingen, Mutter, dich!

Justinus Kerner

Weil heut der Tag der Mutter ist

Weil heut der Tag der Mutter ist,
bring ich dir einen Strauß.
Komm, suche dir doch auch etwas
von meinem Spielzeug aus.
Ich schenke dir, was dir gefällt,
ist es mir noch so wert:
den Fußball und das Bilderbuch
und selbst mein Schaukelpferd.
Und wenn ich groß gewachsen bin
und Geld verdienen kann,
so kauf ich dir, mein Mütterlein,
das Allerbeste dann.
Ich kaufe dir dann Zuckerzeug
und Brezeln und Konfekt
und freue mich, mein Mütterlein,
wenn es dir herzlich schmeckt.

VERFASSER UNBEKANNT

Lieb und Lust macht Mühe gering;
Liebe ist ein schönes Ding.
Mut wohl hätt ich mehr als Not;
Mutter – Glück und Heil von Gott.

FRANZ GRILLPARZER

Und ob der Maien stürmen will
mit Regenguss und Hagelschlag
wie ein verspäteter April:
Er hat doch einen schönen Tag.
Hat einen Tag, der schlimme Mai,
viel lieber als das ganze Jahr,
und wo es schien mir einerlei,
ob trüb der Himmel oder klar.
Und ist er trübe auch, ich fand
mein Sträußlein doch in Wald und Ried
und kann doch küssen deine Hand
und sagen dir ein schlichtes Lied.

Annette von Droste-Hülshoff

Nur eine Mutter weiß allein,
was lieben heißt und glücklich sein.

Adelbert von Chamisso

Lied für alle Mütter

Unsere Blümlein, sie blühen so lieblich im Grün,
sie brauchen die Sonne zum schönen Erblühn
und der Mensch braucht ein Herz
und der Mensch braucht ein Herz,
dem er seins kann vertraun.

Und die Vöglein, sie schweben, so hoch in der Luft,
sie brauchen zum Leben die Freiheit und Licht,
doch der Mensch braucht ein Herz,
doch der Mensch braucht ein Herz,
dem er seins kann vertraun.

Suchen wir auf der Erde das Glück dieser Welt,
so streben wir oft nur nach Gut oder Geld,
doch der Mensch braucht ein Herz,
doch der Mensch braucht ein Herz,
dem er seins kann vertraun.

Wie zum Atmen die Lüfte, zum Trinken den Wein,
so braucht man ein Herz, um hier glücklich zu sein,
ja der Mensch braucht ein Herz,
ja der Mensch braucht ein Herz,
dem er seins kann vertraun.

Verfasser unbekannt

**Hast du eine Mutter gesehen,
wenn sie Schlummer dem Kinde kauft
mit dem eig'nen Schlaf
und für das sorglose sorgt,
nährt mit ihrem eigenen Leben
die zitternde Flamme
und mit der Sorge selbst
sich für die Sorge belohnt?**
Johann Gottfried Herder

Die Mutterliebe

Ein Kleinod ist das allerbest',
das pfleg' ich wohl und halt es fest
und halt' es hoch in Ehren: Das ist die Mutterliebe gut,
die gibt mir immer neuen Mut in allen Lebensschweren.

Und ist dein Herz so freudenleer,
und ist dein Aug' so tränenschwer,
blick' in ihr Aug' hinein:
das hat gar lichten, hellen Strahl
und trocknet
die Tränen allzumal wie Frühlings-Sonnenschein.
Joseph Victor von Scheffel

**Und auch im alten Elternhause
und noch am Abend keine Ruh?
Sehnsüchtig hör' ich dem Gebrause
der hohen Pappeln draußen zu.
Und höre sacht die Türe klinken,
Mutter tritt mit der Lampe ein;
und alle Sehnsüchte versinken,
o Mutter, in dein Licht hinein.**
Richard Dehmel

Wie oft sah ich
die blassen Hände nähen,
ein Stück für mich –
wie liebevoll du sorgest!
Ich sah zum Himmel deine Augen flehen,
ein Wunsch –
wie liebevoll du sorgest!
Und an mein Bett kamst du mit leisen Zehen,
ein Schutz für mich –
wie sorgenvoll du horchest!
Längst schon dein Grab die Winde überwehen,
ein Gruß für mich –
wie liebevoll du sorgest!

Detlev von Liliencron

O Mutterliebe

**Sorg' und treu', nie ausgeschöpfte Güte!
Und immer alt, und immer neu;
dass dich die Allmacht hüte!**

Karl Leberecht Immermann

An meine Mutter

So gern hätt' ich ein schönes Lied gemacht
von deiner Liebe, deiner treuen Weise;
die Gabe, die für andre immer wacht,
hätt' ich so gern geweckt zu deinem Preise.

Doch wie ich auch gesonnen mehr und mehr,
und wie ich auch die Reime mochte stellen,
des Herzens Fluten wallten darüber her,
zerstörten mir des Liedes zarte Wellen.

So nimm die einfach schlichte Gabe hin,
von einfach ungeschmücktem Wort getragen,
und meine ganze Seele nimm darin:
Wo man am meisten fühlt, weiß man nicht viel zu sagen.

ANNETTE VON DROSTE-HÜLSHOFF

Weil Gott nicht überall sein konnte,
schuf er die Mutter.
ARABISCHES SPRICHWORT

Das Beste an mir, ich hab's von ihr.
PETER ROSEGGER

Eine Mutter ist mehr wert als ein Dutzend Priester.
SPANISCHES SPRICHWORT

Doch, liebe Mutter, offen will ich's sagen:
Wie mächtig auch mein stolzer Mut sich blähe,
in deiner selig süßen, trauten Nähe
ergreift mich oft ein demutvolles Zagen.
Ist es dein Geist, der heimlich mich bezwinget,
dein hoher Geist, der alles kühn durchdringet,
und blitzend sich zum Himmelslichte schwinget?
HEINRICH HEINE

Ich habe heute ein paar Blumen
für dich nicht gepflückt,
um dir ihr Leben mitzubringen.
CHRISTIAN MORGENSTERN

Valentinstag

Vielleicht liebst du die Reichen, dann liebe nicht mich,
es gibt welche, die sind viel reicher als ich.
Vielleicht liebst du die Guten, dann liebe nicht mich,
es gibt welche, die sind viel besser als ich.
Vielleicht liebst du die Schönen, dann liebe nicht mich,
es gibt welche, die sind viel schöner als ich.
Bestimmt liebst du die Liebe, dann liebe nur mich,
denn ich glaube, es gibt keinen anderen, der dich so
liebt wie ich.

Verfasser unbekannt

Du bist wie eine Blume,
so hold und schön und rein;
ich schau dich an, und Wehmut
schleicht mir ins Herz hinein.

Mir ist, als ob ich die Hände
aufs Haupt dir legen sollt,
betend, dass Gott dich erhalte
so rein und schön und hold.

Heinrich Heine

Das Geschenk der Liebe
kann man nicht geben.
Es wartet darauf,
angenommen zu werden.

Verfasser unbekannt

Mein Käthchen

Mein Käthchen fordert zum Lohne
von mir ein Liebesgedicht.
Ich sage: Mein Käthchen verschone
mich damit, ich kann das nicht;

Ob überhaupt ich dich liebe,
das weiß ich nicht so genau;
zwar sagst du ganz richtig, das bliebe
gleichgültig; doch, Käthchen, schau:

Wenn ich die Liebe bedichte,
bedicht' ich sie immer vorher,
denn wenn vorbei die Geschichte,
wird mir das Dichten zu schwer.

Frank Wedekind

Mein Herz

**Wenn ich sage, du bist so schön wie eine Rose,
dann stimmt das nicht,
denn die Rose verblüht schnell.
Du hingegen blühst jeden Tag.
Wenn ich sage, du bist wie die Sonne,
dann stimmt das nicht,
denn die Sonne geht abends unter.
Du hingegen strahlst Tag und Nacht.
Ich könnte mit keinen Worten dieser Welt
meine Liebe zu dir beschreiben,
deswegen gebe ich dir das Kostbarste,
was ein Mensch besitzt:
Mein Herz.**

Verfasser unbekannt

Für dich

Du bist die Ruh´, der Friede mild,
die Sehnsucht du und was sie stillt.

Ich weihe dir voll Lust und Schmerz,
zur Wohnung hier mein Aug´ und Herz.

Kehr ein bei mir und schließe du
still hinter dir die Pforten zu!

Treib´ andren Schmerz aus dieser Brust!
Voll sei dies Herz von deiner Lust.

Dies Augenzelt von deinem Glanz
allein erhellt, o füll es ganz!

Friedrich Rückert

Ich hab dich lieb

Drei Rosen send ich dir!
Die erste ist fürs Wohlergeh´n.
Die zweite ist fürs Wiederseh´n,
die dritte aber leise spricht:
„Ich hab dich lieb, vergiss das nicht!"

Verfasser unbekannt

Bräuche zum Valentinstag

Der Mann, den ein Mädchen am Valentinstag zuerst sieht, wird ihr zukünftiger Ehemann sein, oder der, von dem sie in der Nacht geträumt hat.

Beim Valentins-Orakel werden die Namen potenzieller Liebes-Kandidaten auf kleine Zettel geschrieben, die man faltet und mit Lehm umwickelt. Die Lehmkügelchen werden in Wasser geworfen, wo sie sich bald auflösen. Durch den Einfluss von St. Valentin nennt das Zettelchen, das als Erstes wieder freigegeben wird, den Namen des/der Zukünftigen.

Ein weit verbreiteter Brauch zum Valentinstag ist, lieben Menschen einen Gruß zu schicken. Oft geschieht dies auch anonym, wenn der Betreffende nichts von der Zuneigung weiß oder wissen soll.

War es früher üblich, selbst verfasste Liebesbriefe oder Gedichte zu schreiben, greift man schon seit einem Jahrhundert auf vorgefertigte Karten mit Engelchen, Blümchen, Herzchen und ähnlichen Motiven zurück, oder man macht ein Geschenk (z.B Konfekt, Parfüm, Blumen).

Von der Liebe

Die Liebe ist langmütig und freundlich,
die Liebe eifert nicht, die Liebe treibt nicht Mutwillen,
sie bläht sich nicht auf; sie verhält sich nicht ungehörig,
sie sucht nicht das Ihre, sie lässt sich nicht erbittern,
sie rechnet das Böse nicht zu;
sie freut sich nicht über Ungerechtigkeit,
sie freut sich aber an der Wahrheit; sie erträgt alles,
sie glaubt alles, sie hofft alles, sie duldet alles.
Die Liebe hört niemals auf.

(1 Korinther 13,4-8a)

Ich liebe die,
die mich lieben und die mich suchen,
finden mich.

(Sprüche 8,17)

Ertragt einander in Liebe und seid darauf bedacht, zu wahren die Einigkeit im Geist durch das Band des Friedens.

(Epheser 4,2b-3)

Wenn ich mit Menschen- und mit Engelszungen redete und hätte der Liebe nicht, so wäre ich ein tönend Erz und eine klingende Schelle.

(1 Korinther 13,1)

Lege mich wie ein Siegel auf dein Herz,
wie ein Siegel auf deinen Arm.
Denn Liebe ist stark wie der Tod und Leidenschaft
unwiderstehlich wie das Totenreich.
Ihre Glut ist feurig und eine Flamme Gottes,
sodass auch viele Wasser die Liebe
nicht auslöschen und Ströme sie nicht ertränken.
(Hoheslied 8, 6-7a)

Gott hat uns nicht gegeben
den Geist der Furcht,
sondern der Kraft,
der Liebe und der Besonnenheit.
(2 Timotheus 1,7)

Diese Rose von heimlichen Küssen schwer:
Sieh, das ist unsre Liebe.
Unsre Hände reichen sie hin und her,
unsre Lippen bedecken sie mehr und mehr
mit Worten und Küssen sehnsuchtsschwer,
unsre Seelen grüßen sich hin und her –
wie über ein Meer – wie über ein Meer –
Diese Rose vom Duft unsrer Seelen schwer:
Sieh, das ist unsre Liebe.

CHRISTIAN MORGENSTERN

Ich liebe dich, du Seele, die da irrt
im Tal des Lebens nach dem rechten Glücke,
ich liebe dich, die manch ein Wahn verwirrt,
der manch ein Traum zerbrach in Staub und Stücke.

Ich liebe deine armen wunden Schwingen,
die ungestoßen in mir möchten wohnen;
ich möchte dich mit Güte ganz durchdringen,
ich möchte dich in allen Tiefen schonen.

CHRISTIAN MORGENSTERN

Du und ich

Du und ich!
Wunschlose Seligkeit
strömt deine Nähe über mich.
Der Alltag wird zur Sonntagszeit,
unsterblich schlingt das Leben sich
um uns. Und Menschengöttlichkeit
fühl' ich bei dir durch dich.

Was einst gewesen, weiß ich kaum.
Die enge Welt wird weiter Raum.
Und Holz wird Eisen, Eisen Holz
und Stolz wird Demut, Demut Stolz.
Gar wunderbare Weisen
singt dann bei seinen Kreisen
mein Blut im Paradies für mich.
Es haben alle Wünsche Ruh', –
ich weiß nicht mehr, wer bist dann du.
Ich weiß nicht mehr, wer bin dann ich.

Max Dauthendey

Ein langes Gedicht

Ein langes Gedicht,
das merk ich mir nicht.
Drum sag ich nicht mehr
als: Ich liebe dich sehr!
VOLKSGUT

**Mein Herzchen spricht:
Ich liebe dich!
Mehr kann ich nicht.**
VOLKSGUT

Ich liebe dich, weil ich dich lieben muss;
Ich liebe dich, weil ich nicht anders kann;
Ich liebe dich nach einem Himmelsschluss;
Ich liebe dich durch einen Zauberbann.
Dich lieb ich wie die Rose ihren Strauch;
Dich lieb ich wie die Sonne ihren Schein;
Dich lieb ich, weil du bist mein Lebenshauch;
Dich lieb ich, weil dich lieben ist mein Sein.
FRIEDRICH RÜCKERT

**Zweifle an der Sonne Klarheit,
zweifle an der Sterne Licht.
zweifl' ob lügen kann die Wahrheit,
nur an meiner Liebe nicht!**
WILLIAM SHAKESPEARE

Aus dem wogenden Meer der Menge

Aus dem wogenden Meer der Menge
sprang ein Tropfen lieblich zu mir,
flüsternd: „Ich liebe dich, ich vergehe bald,
weither bin ich gereist, einzig um dich zu sehen
und dich zu berühren,
denn ich konnte nicht sterben,
ehe ich dich nicht einmal sah,
denn ich fürchtete dich hernach zu verlieren."

Nun haben wir uns getroffen und uns gesehen,
nun sind wir geborgen,
kehre in Frieden zurück in das Meer, mein Geliebter,
auch ich bin Teil dieses Meers, mein Geliebter,
wir sind nicht so sehr voneinander getrennt,
sieh das erhabene Rund, den Allzusammenhang,
wie vollkommen!
Dich und mich ist die unwiderstehliche See
bestimmt zu trennen,
für eine Weile uns auseinander zu tragen,
doch nicht für immer;
habe Geduld – eine kleine Spanne – wisse,
ich grüße die Luft,
das Meer und das Land
jeden Tag bei sinkender Sonne um deinetwillen,
Geliebter.

WALT WHITMAN

Viel Glück

Hat versalzen dir die Suppe
deine Frau, bezähm die Wut.
Sag ihr lächelnd: „Süße Puppe,
alles, was du kochst, ist gut."

in der Ehe

Ehejubiläen

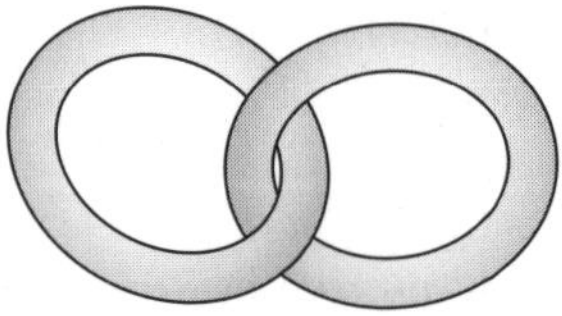

Trauung:
grüne Hochzeit

Nach einem Jahr:
baumwollene Hochzeit

Nach 5 Jahren:
hölzerne Hochzeit

Nach 6 ein Viertel Jahren:
zinnerne Hochzeit

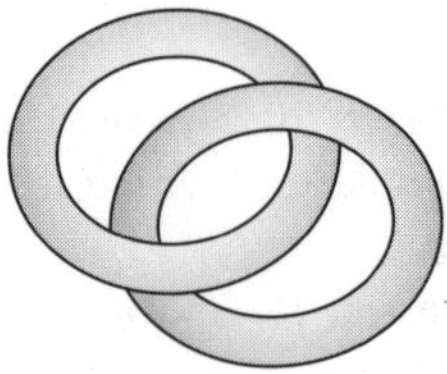

Nach 7 Jahren:
kupferne Hochzeit

Nach 8 Jahren:
blecherne Hochzeit

Nach 10 Jahren:
Rosenhochzeit

Nach 12 1/2 Jahren:
Nickelhochzeit oder Petersilienhochzeit

Nach 15 Jahren:
gläserne Hochzeit

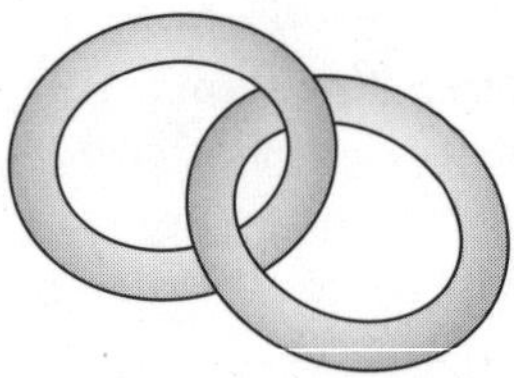

Nach 20 Jahren:
Porzellanhochzeit

Nach 25 Jahren:
silberne Hochzeit

Nach 30 Jahren:
Perlenhochzeit

Nach 35 Jahren:
Leinwandhochzeit

Nach 37 1/2 Jahren:
Aluminiumhochzeit

Nach 40 Jahren:
Rubinhochzeit

Nach 50 Jahren:
goldene Hochzeit

Nach 60 Jahren:
diamantene Hochzeit

Nach 65 Jahren:
eiserne Hochzeit

Nach 67 1/2 Jahren:
steinerne Hochzeit

Nach 70 Jahren:
Gnadenhochzeit

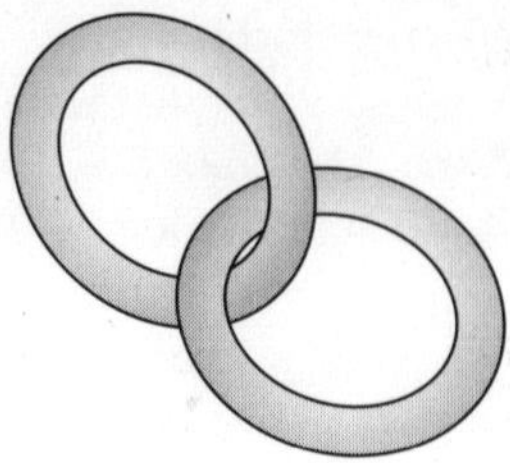

Nach 75 Jahren:
Kronjuwelenhochzeit

Verlobung

Lass die Liebe in deinem Herzen wurzeln,
und es kann nur Gutes daraus hervorgehen.
Augustinus (354-430)

Bevor du heiratest, halte beide Augen offen,
doch hinterher drücke eines zu.
Aus Jamaika

Vertragt euch!
Einer sorge für den andern!
Dies schöne Glück, es raubt uns kein Tyrann;
der beste Fürst vermag es nicht zu geben.
Johann Wolfgang von Goethe

Verlobung – wunderbare Zeit

Verlobung – wunderbare Zeit
voll Liebe und Gemeinsamkeit.
Viel Glück dazu, dass jeder findet,
was treulich aneinander bindet.

Lasst die Verlobungs-Fahnen
im frischen Winde wehn!
Wie schön, zu zweit zu planen
und einen Weg zu gehen.

Wenn sich er und sie verbinden,
ist man Bräutigam und Braut.
Sucht das Glück! Es ist zu finden,
wenn man liebt und sich vertraut.
VERFASSER UNBEKANNT

Wenn alle untreu werden,
so bleib ich dir doch treu;
dass Dankbarkeit auf Erden
nicht ausgestorben sei.
Für mich umfing dich Leiden,
vergingst für mich in Schmerz;
drum geb ich dir mit Freuden
auf ewig dieses Herz.
NOVALIS

O glücklich, wer ein Herz gefunden,
das nur in Liebe denkt und sinnt
und, mit der Liebe treu verbunden,
sein schön'res Leben erst beginnt.

Wo liebend sich zwei Herzen einen,
nur eins zu sein in Freud und Leid,
da muss des Himmels Sonne scheinen
und heiter lächeln jede Zeit!

HEINRICH HOFFMANN VON FALLERSLEBEN

Wer je gelebt in Liebesarmen,
der kann im Leben nie verarmen.

THEODOR STORM

Das ist das Größte, was dem Menschen gegeben ist,
dass es in seiner Macht steht, grenzenlos zu lieben.

THEODOR STORM

Freudvoll und leidvoll,
gedankenvoll sein;
hangen und bangen
in schwebender Pein;
himmelhoch jauchzend,
zu Tode betrübt:
Glücklich allein
ist die Seele, die liebt.

JOHANN WOLFGANG VON GOETHE

Das wünsch ich dem verlobten Paar

Dass nimmer trübe Ungemach,
dass fern euch bleibe Not und Schmach,
dass nie ihr eine Träne weint,
dass stets in Liebe ihr vereint,
dass stets ihr aller Sorgen bar,
das wünsch ich dem verlobten Paar.

Verfasser unbekannt

Schläft ein Lied in allen Dingen,
die da träumen fort und fort,
und die Welt hebt an zu singen,
triffst du nur das Zauberwort.

Joseph von Eichendorff

Stets die Liebe siegt im Kampfe,
ist fest in der Verteidigung.
Wen der Himmel retten will,
den schützt er durch Liebe.

Laotse

Wonach das Herz verlangt,
gesteht der Mund nicht ein,
jedoch der Liebende errät´s auch aus dem Nein.

Molière

Magst du zweifeln, dass die Sterne glühen,
magst du zweifeln, dass die Sonne sich bewegt,
magst die Wahrheit du für Lüge halten,
zweifle aber niemals an der Liebe!

William Shakespeare

Verlobungszeit

Verlobungszeit ist die schönste Zeit;
Liebe wächst und Gemeinsamkeit.
Wir wünschen, dass ihr stets findet,
was immer fester euch zusammenbindet!

VERFASSER UNBEKANNT

Dass ihr euch heut verloben werd´t,
das hat uns alle sehr gefreut!
Wir wünschen, dass euch auf unserer Erd
dieser Entschluss niemals mehr reut.
Und eure Liebe sei so fest und tief,
dass sie übersteht jedes Stimmungstief.

VERFASSER UNBEKANNT

Liebes-Stück

Wenn sich er und sie verloben,
verändert sich das ganze Leben.
Denn sie wollen feierlich geloben,
sich als Braut und Bräutigam zu geben.
Wir wünschen, dass dies Liebes-Stück
bald endet in lebenslangem Glück.

VERFASSER UNBEKANNT

Einladungstexte

Wer meint, er müsste etwas schenken,
braucht übers Wie und Was nicht nachzudenken.
Statt des Geschenkes nehmt ein Brieflein klein
und legt uns einen Taler rein.

Verfasser unbekannt

Da unser Haushalt längst komplett,
schenkt uns keine Sachen,
lasst lieber unser Sparschwein lachen.

Verfasser unbekannt

Man lädt nicht ein zum Hochzeitsfest,
damit man sich beschenken lässt.
Wollt ihr es trotzdem, weil`s so Sitte,
dann haben wir die eine Bitte:
Zerbrecht euch nicht erst lang den Kopf,
wir haben Schüsseln, Gläser, Topf.
Für diesen guten alten Brauch,
da tut`s ein kleines Scheinchen auch.

Verfasser unbekannt

Hochzeit

In Liebe habt ihr euch gefunden,
habt Treu gelobt und euch gebunden
mit goldenen Verlobungsringen.
Nun möge alles wohl gelingen!

Ihr werdet euch die Treue halten,
dann wird auch Gottes güt'ges Walten
euch immerdar zur Seite stehn
und es wird stets euch wohl ergehn.

Haben die Götter es also versehen,
liebet euch lieblich, ich willige zu,
wollet euch ehrlich und ehrlich begehren,
mehren und ehren in lieblicher Ruh.
Des Knaben Wunderhorn

(Liedersammlung von
Achim von Arnim und
Clemens Brentano)

Und als der Großvater die Großmutter nahm,
da war der Großvater der Bräutigam,
und die Großmutter war die Braut.
Da wurden sie beide miteinander getraut.

Volksgut

Ich bringe dir ein leeres, weißes Buch,
die Blätter drin noch ohne Bild und Spruch.
Sie sollen einst, wenn sie beschrieben sind,
dir bringen ein Erinnern hold und lind
an liebe Worte, die man zu dir sprach,
an treue Augen, die dir blickten nach.
Drauf leg ich dir von dunklem Myrtenreis
den grünen Kranz, der aller Kränze Preis.
Nimm ihn getrost! Denn muss ich auch gestehn,
er wird, wie alles Laub, dereinst vergehn,
so weiß ich doch, wenn Tag um Tag entschwand,
hältst du den Zweig mit Früchten in der Hand.

THEODOR STORM

Auch allen künftigen Stunden,
nicht heut dem Tag allein,
soll dieser Segensspruch
von uns geweihet sein.

Ihr seid nun eins, ihr beide,
und wir sind mit euch eins.
Trinkt auf der Freude Dauer
Ein Glas des echten Weins!

Und bleibt zu allen Zeiten
einander zugekehrt,
durch Streit und Zwietracht werde
nie euer Band gestört.

JOHANN WOLFGANG VON GOETHE

Vivat dem Bräutigam, vivat der Braut!
Gott, der sie hat zusammen vertraut,
der segne sie und helf ihnen dazu,
dass sie in Frieden und Ruh
den Eh'stand bringen zu.

Vivat allen versammelten Leuten,
die uns heute helfen den Festtag bereiten.
Gott lasse sie in Vergnügen und Freud
zubringen ihre Lebenszeit.

BAYERISCHES VOLKSGUT

Der holden Braut zu Ehren

Der holden Braut zu Ehren
ein volles Glas zu leeren
wird niemand mir verwehren;
auch stimmen alle fröhlich ein:
Die schöne Braut soll glücklich sein!

VOLKSGUT

Ach! Des Lebens schönste Feier
endigt auch den Lebensmai,
mit dem Gürtel, mit dem Schleier
reißt der schöne Wahn entzwei.
Die Leidenschaft flieht,
die Liebe muss bleiben.
Die Blume verblüht,
die Frucht muss treiben.

FRIEDRICH VON SCHILLER

Du wirst im Ehestand viel erfahren,
was dir ein halbes Rätsel war,
bald wirst du aus Erfahrung wissen,
wie Eva einst hat handeln müssen,
dass sie hernach den Kain gebar.
Doch, Schwester, diese Ehstandspflichten,
wirst du von Herzen gern verrichten,
denn glaube mir, sie sind nicht schwer.
Doch jede Sache hat zwo Seiten:
Der Ehstand bringt zwar viele Freuden,
allein auch Kummer bringet er;
drum, wenn dein Mann dir finstre Mienen,
die du nicht glaubtest zu verdienen,
in seiner üblen Laune macht,
so denke, das ist Männergrille
und sag: Herr, es gescheh dein Wille
bei Tag – und meiner bei der Nacht.

WOLFGANG AMADEUS MOZART

Ihr sollt stets 1 sein.
Ihr sollt euch nicht ent-2-en.
Ihr sollt euch stets 3 bleiben
Und euch immer gut 4-en.
Ihr sollt auch mal 5 gerade sein lassen
Und eure 6er zusammenhalten.
Ihr sollt eure 7 Sachen
In 8 nehmen.
Ihr sollt nicht immer 9 sagen
Und euch nie die 10e zeigen.

VOLKSGUT

Ich hab die Tage
der Freiheit gekannt,
ich hab sie die Tage
der Leiden genannt.

JOHANN WOLFGANG VON GOETHE

Stoßt an die Gläser

Das Brautpaar ja, es lebe hoch,
doch auch sein Elternpaar
mög leben manches schöne Jahr
in Glück und Freude noch!

In seiner Kinder Glück verjüngt,
grün' noch einmal der Mai!
Stoßt an die Gläser, dass es klingt:
Ihr Glück wird' täglich neu!

VERFASSER UNBEKANNT

Nun dappelt's und rappelt's und klappert's im Saal
von Bänken und Stühlen und Tischen,
da will nun ein jeder am festlichen Mahl
sich neben dem Liebchen erfrischen;
sie tragen die Würste, die Schinken so fein
und Braten und Fisch und Geflügel herein;
es kreiset beständig der köstliche Wein.
Das toset und koset so lange,
verschwindet zuletzt im Gesange.

Und sollen wir singen, was weiter geschehn,
so schweige das Toben und Tosen!
Denn was er, so artig, im Kleinen gesehn,
erfuhr er, genoss er im Großen.
Trompeten und klingender, singender Schall,
und Wagen und Reiter und bräutlicher Schwall,
sie kommen und zeigen und neigen sich all,
unzählige, selige Leute.
So ging es und geht es noch heute.

JOHANN WOLFGANG VON GOETHE

Wer von reiner Lieb entbrannt,
wird vom lieben Gott erkannt.

JOHANN WOLFGANG VON GOETHE

Für den Wert des Menschen ist die Güte des Charakters das Höchste,
aber für das Zusammenleben ist Humor und
Temperament beinahe noch wichtiger.

FRANZ GRILLPARZER

Unglücklich ist nur der,
wer sein Glück mit keinem teilt,
und vor dem Unglück bangt,
noch eh es ihn ereilt.

FRIEDRICH RÜCKERT

Der Mann ist der Herr des Hauses.
Im Hause soll aber nur die Frau herrschen.

MARIE VON EBNER-ESCHENBACH

Freundin ist ein süßes Wort,
aber Frau – das ehret immerfort.

WALTHER VON DER VOGELWEIDE

An dem Manne liebe ich es,
wenn er eine Zukunft vor sich,
an der Frau,
wenn sie eine Vergangenheit hinter sich hat.

OSCAR WILDE

Unser Wunsch für euch

Was ihr euch ersehnt seit einiger Zeit,
es wurde heute Wirklichkeit.
Der schönste Traum, er wurde wahr –
ihr zwei seid jetzt ein Ehepaar.

Wir wünschen euch von Herzen nun,
Gottes Segen möge auf euch ruh'n!

Lasst euch stets von der Liebe leiten.
Ihr sollt in guten wie in schlechten Zeiten,
immer treu zusammensteh'n,
und so durchs ganze Leben geh'n.

Verfasser unbekannt

Festlicher Gruß

Drum, liebe Gäste, hört zum Schluss,
an das Brautpaar einen festlichen Gruß:

Glück auf nun, ihr beiden, es ist euch gelungen:
Das Ziel eurer Wünsche, ihr habt es erreicht,
seid innig vom Bande der Liebe umschlungen,
ein Tag voller Wunder, dem weniges gleicht.

Besteigt jetzt mit Frohsinn den Ehestands-Nachen
und steuert das Schifflein nach mutigem Plan,
die Sonne am Himmel wird gnädig euch lachen,
und Petrus verbietet den Sturm und Orkan.

Wenn einmal vielleicht auch die Wellen sich heben,
der Nachen sich schüttelt in schlingernder Fahrt,
dann wird euch die Liebe die Zuversicht geben,
das Böse zu meistern in gemeinsamer Art.

Glück auf nun, ihr beiden, es ist euch gelungen:
Das Ziel eurer Wünsche, ihr habt es erreicht,
seid innig vom Bande der Liebe umschlungen,
ein Tag voller Wunder, dem weniges gleicht!

Verfasser unbekannt

Gute Wünsche zur Hochzeit

(mit den passenden Geschenken)

Wir wünschen,
dass keiner von euch aus dem Rahmen fällt.
(Bilderrahmen)
Wir wünschen euch,
dass ihr immer einen klaren Durchblick habt.
(Fensterputzmittel)
Wir wünschen euch,
dass es in eurer Ehe nie einen Ausrutscher gibt.
(Streusalz)
Wir wünschen euch, dass ihr immer sauber bleibt.
(Seife)
Wir wünschen euch,
dass eure Ehe wie geschmiert läuft.
(Öl)
Wir wünschen euch,
dass in eurer Ehe jeder einmal zu Wort kommt.
(Pflaster)
Wir wünschen ihm, dass sie nie Kopfschmerzen hat.
(Aspirin)
Wir wünschen euch,
dass jeder von euch weiß, wo es langgeht.
(Wegweiser)
Wir wünschen euch,
dass ihr von nun an alles gemeinsam macht.
(Besen mit zwei Stielen)
Wir wünschen euch,
dass eure Kinder nicht den Bürstenkopf
des Vaters erben.
(Gemüsebürste)
Wir wünschen, dass euch dieser Kies niemals ausgeht.
(Centstücke bzw. Geldgeschenk)

VERFASSER UNBEKANNT

Zur Hochzeit

Wie uns seit Urzeit die Erfahrung lehrt,
wird die Frau vom Mann – und umgekehrt – begehrt,
denn selbst in der Bibel heißt es ganz zweifelsfrei:
Es ist nicht gut, dass der Mensch alleine sei!

Nun ist es auch bei euch so weit,
dass die Ringe habt getauscht ihr heut.
Somit seid ihr für alle wahrnehmbar,
ein stolzes glückliches Ehepaar!

Doch kommt trotz Liebessonnenschein,
die Harmonie nicht von ganz allein:
um das Glück zu halten, lang und ganz,
braucht es Wertschätzung und Toleranz.

Eure Liebe sollte vor allen Dingen,
euch stets einander näher bringen.
Vermeidet Kümmernis und Leid,
habt immer füreinander Zeit.

Tragt zusammen alles, mit Verständnis füreinander,
wagt gemeinsam alles, mit Achtung voreinander.
Man könnte euch noch vieles raten,
für ein Leben ganz im Glück,
Doch besser ist es, ihr probiert es selber, Stück für Stück!

Das alles wollen wir euch wünschen, Jahr für Jahr,
kurz, seid ein gutes Ehepaar!

VERFASSER UNBEKANNT

Das Ehebarometer

In der Ehe gibt's ein Barometer,
das euch zeigt das täglich Wetter,
und damit ihr es sollt kennen,
werd' ich euch die Skala nennen:

Kriegt das Weibchen neue Kleider,
ist der Himmel klar und heiter.

Lässt der Mann sich nicht bewegen,
mit der Frau zum Tanz zu gehn,
gibt's gewalt'gen Tränenregen
und die Sonn' lässt sich nicht sehn.

Geht der Mann allein zum Bier,
steht der Sturmwind vor der Tür,
will er sich die Kehle feuchten,
gibt es starkes Wetterleuchten.
Wenn Freunde ihn besuchen wollen,
hört man dumpfes Donnergrollen.

Damit sich zeigt der Sonnenschein,
und die Luft sei klar und rein,
Lasst uns jetzt die Gläser heben:

Hoch soll unser Brautpaar leben!

VERFASSER UNBEKANNT

Zwei Kerzen für das Brautpaar

Ich wende mich an das Brautpaar heute,
an die zwei verliebten Leute,
und will einen Rat euch geben,
wie das nun einmal so ist im Leben.

Habt ihr im Leben einmal Streit,
so haltet diese zwei Kerzen bereit,
denn sie können euch wieder die Liebe geben,
wie das nun einmal so ist im Leben.

Wer von euch einen Streit entfacht,
den anderen einmal traurig macht,
der zünd die erste Kerze an,
denn sie sagt verzeih und warte dann.

Die Flamme soll brennen wie ein Fanal,
soll rufen „Ich liebe dich, verdammt noch mal",
und ob du Frau bist oder Mann,
geh hin und zünd die andere an.

Und wenn dann beide Kerzen brennen,
die Trauer- sich ändern in Freudentränen,
seid ihr der Liebe wiedergegeben,
wie das nun einmal so ist im Leben.

Ich wünsche euch, ihr braucht nie
die Kerzen verwenden,
und möge nie eure Liebe enden,
darauf will ich mein Glas erheben,
wie das nun einmal so ist im Leben.

Verfasser unbekannt

Die Jugend, wie sie immer war

Ein Junge will vom Weihnachtsmann
am liebsten einen Hampelmann.
Die Mädchen, anders als die Knaben,
die möchten gern ein Püppchen haben.

Wenn sie dann groß und aufgeklärt,
ist das Verhältnis umgekehrt.

Ein Püppchen suchen sich die Knaben,
'nen Hampelmann will's Mädchen haben;
den es fest an der Strippe hält
und zappeln lässt, wie's ihr gefällt.

Vielleicht wird mancher protestieren:
„Mir könnte so was nicht passieren,
ich bin ein gewiefter Frauenkenner!"
Das sind die größten Hampelmänner.

Verfasser unbekannt

Silberhochzeit

Was Irdischem gehört,
wird durch die Zeit zerstört;
was Edlem sich geweiht,
verschönt, verklärt die Zeit.

So vor fünfundzwanzig Jahren
standet ihr am Traualtar,
und der Zukunft Tage waren
euch und andern noch nicht klar.

Aber heut im Freundeskreise
schaut ihr rück auf eure Reise,
für das Ziel, das nicht mehr Schein,
stehen Kind und Enkel ein.

Der Liebe Melodienschatz,
er wechselt wie im Fluge,
die Ehe bleibt im gleichen Satz,
ihr wird die Zeit zur Fuge.

Franz Grillparzer

Silberkranz

Gottes reicher Segen leite
euch auf eurer Wanderschaft,
fünfundzwanzig Jahr' wie heute
noch voll frischer Lebenskraft!

Herrlich mit dem Silberkranze
schmückt der schöne Tag euch heut,
heil, wenn euch in goldnem Glanze
einst ein schönerer erfreut!

VERFASSER UNBEKANNT

Liebes Silberpaar

Zwar zählt ihr lange noch nicht zu den Alten.
Doch sollt ihr heute Rückschau halten.
Euer Leben war nicht immer leicht,
und dennoch habt ihr viel erreicht.
Ihr zeigt uns, dass der Liebe Kraft,
wenn es drauf ankommt, Großes schafft.
Drum wird heute alles überschaut,
was ihr angeschafft und aufgebaut.
Seid stolz! Ihr könnt's mit Fug und Recht,
was ihr erreicht, ist wahrlich nicht schlecht.
Was ihr in guter Zweisamkeit vollbracht,
das würdigen wir heut.

Alles Liebe, Gesundheit
und noch viele gemeinsame Jahre.

VERFASSER UNBEKANNT

Vor fünfundzwanzig Jahren

Ihr habt vor fünfundzwanzig Jahren
mit Myrtengrün euch froh geschmückt,
und seitdem voll und ganz erfahren,
wie treue Liebe hoch beglückt.

In trüben wie in schönen Stunden,
im Lebensernst, im Sonnenschein,
habt ihr es tief und wahr empfunden:
Die Eintracht ist das Glück allein!

Fest gründete des Hauses Frieden
sich auf der Herzen schönen Bund.
Und welcher Segen euch beschieden,
ist allen euren Freunden kund.

Um euer Glück noch zu vollenden
erblühten in der Jahre Lauf,
gepflegt von euren treuen Händen
die Kinder fröhlich um euch auf.

Euch feiern heut nun frohe Gäste,
weil sich der Myrte grüner Kranz
an diesem schönen Jubelfeste
verwandelt hat in Silberglanz.

Es möge auch in spätern Jahren
das Glück euch bleiben treu und hold,
damit es einst in Silberhaaren
erglänzt als festlich leuchtend' Gold.

Verfasser unbekannt

Goldmacher sind verrufen schier,
wie wohl ein jeder weiß.
Doch bleiben zwei, die längst erprobt:
Die Ehe und der Fleiß.
Der Fleiß macht Gold. Nicht jeder trifft's.
Man plagt sich früh und spat
und dankt zuletzt dem lieben Gott,
wenn man sein Auskomm' hat.
Die Ehe ist viel besser dran,
sie braucht nicht Glück. Nur Zeit:
Nach fünfundzwanzig Jahren ist
sie silbern, so wie heut!
Noch fünfundzwanzig (ihr sollt sehn,
ich lad euch freundlich ein),
so wird sie (wie jetzt silbern nur),
so wird sie golden sein!
Wer Lieb und Treu im Herzen trägt
und wem sie Gleiches weiht,
für den ist, wie der Weltsturm braust,
noch heut die goldne Zeit.

FRANZ GRILLPARZER

Silberpaar

Wir alle, die wir hier versammelt sind in dieser Runde,
vernahmen sie gerne, die frohe Kunde,
dass heute ihr feiert als Silberpaar,
was einst ihr geschworen vor Tag und Jahr,
nämlich fest zusammenzustehen im Leid wie im Glück,
dies liegt nun ein Vierteljahrhundert zurück.

Dazwischen liegt vieles, was sich zu erinnern lohnt,
doch über allem für uns als Wichtigstes thront,
dass heute ihr dasteht als ebenso einiges Paar,
wie einstmals als grünes vor dem Traualtar.

Wenn auch vieles von dem, was man einst versprochen,
im grauen Alltag der Ehe zerbrochen,
so gibt's in einer Gemeinschaft zu zweit,
neben dem manchmal wirklich notwendigen Streit,
auch vieles, was bindet und zusammenführt
und dies hat bei euch man immer gespürt.

Ihr seid ein Paar, welches passt in die Welt,
weil es fest und treu zusammenhält,
drum sind wir auch gerne zur Feier gekommen
und haben uns fest vorgenommen,
beizutragen zu einem gelungenen Fest,
von dem sich in Jahren noch reden lässt.

Vorab ist jedoch noch eins zu sagen,
wir mussten uns alle tüchtig plagen,
zu finden für diesen festlichen Tag
ein Geschenk, das jeder von euch mag.

Wie schwer wir uns dabei getan,
sieht man uns Gestressten heute noch an.
Hört zu, ich sag's euch, aber ganz leise,
wir schenken euch beiden ein paar Mäuse,
dann könnt ihr, wenn ihr habt die Zeit,
euch etwas aussuchen, natürlich zu zweit.

Nun soll's von uns aber genug sein für heut',
und ihr – versprecht's uns – bleibt, wie ihr seid.
Viel Glück für die Zukunft und bleibt gesund,
dann geht's in fünf Jahren wieder rund.

VERFASSER UNBEKANNT

Silber, Silber, Silber für das Silberpaar

Ihr beiden Lieben, ihr lächelt gerade so nett,
darum komme ich jetzt mal mit einem Silbertablett
(Tablett aus der Küche)
und weil mir das Schenken so Freude macht
hab' ich euch Tafel-Silber mitgebracht.
(Schokoladentafeln)

Ich hab' noch mehr Silber, das ist kein Witz,
denn ich hab' eine ganze Silbermine in Besitz!
Da, ich schenk sie euch!
(Kugelschreibermine)

Und damit ihr nicht hungert heute Nacht
hab' ich euch Silberzwiebeln mitgebracht.
(Silberzwiebeln)

Für Verliebte leuchtet am Himmel der Silbermond,
nun hat er die längste Zeit da oben gewohnt.
(Mondfigur aus Styropor, Silberbronze)

Und jetzt schenk' ich euch mit großartiger Pose,
eine süße kleine silberne Dose.
(Spiegeldose)

Ach, hier ist noch eine, nicht ganz so toll,
aber dafür ist sie bis obenhin voll.
(Dosenmilch ohne Hülle)

Du sagst, sie glänzt nicht silbern genug?
Dann benutz' doch dieses Silberputztuch!
(Putztuch)

Euer Computer braucht den richtigen Dreh,
darum schenke ich euch eine silberne CD.
(Werbe-CD)

Aber dieses leg' ich nur zögernd auf den Tisch:
Gestern fing ich für euch einen Silberfisch!
(Brosche, Modeschmuck)

Euer Lächeln, das wird immer netter
darum schenk ich euch noch silbernes Lametta!
(Lametta)

So viele Geschenke, ist das nicht schick?
So langsam kriegt ihr schon einen Silberblick!

Es funkelt und glänzt so schön in eurer Näh',
das sieht ja aus wie der Schatz aus dem Silbersee!
(Buch von Karl May)

Mit all diesen Sachen könnt ihr euer Leben gestalten,
doch das Tablett nicht, das muss ich behalten!
(Tablett wegnehmen)

VERFASSER UNBEKANNT

Zur Silberhochzeit

Heute wollen wir gedenken
eines Paares frohbewegt,
woll'n ihm uns're Wünsche schenken,
das den Schmuck des Silbers trägt.
Zündet an der Freude Kerzen,
bringt ihm heiße Wünsche dar:

Sei gegrüßt von ganzem Herzen,
sei gegrüßt, du liebes Paar!

Euer Bild trugt ihr voll Bangen
einst in euer Herzen Grund,
bis das sehnende Verlangen
euch die Lippe machte kund
und des Herzens selige Triebe
macht ein Ringlein offenbar:

Sei gegrüßt im Schmuck der Liebe,
sei gegrüßt, du bräutlich Paar:

Und dann kam die hehre Stunde,
deren Schimmer nie verbleicht,
da ihr euch zum ew'gen Bunde
habet Herz und Hand gereicht,
da euch neue, hohe Würde
gab das „Ja" vor dem Altar:

Sei gegrüßt im Schmuck der Myrte,
sei gegrüßt, du junges Paar!

Fünfundzwanzig lange Jahre
flossen nun ins Meer der Zeit,
und sie brachten unserm Paare,
Glück und Freude, Schmerz und Leid.
Doch ihm leuchtete auch immer
Herzensfriede sonnenklar:

Sei gegrüßt im Silberschimmer,
sei gegrüßt, du Jubelpaar!

Doch heut schweifet unser Sinnen
weiter in das Land hinaus,
wo sich baut mit stolzen Zinnen
eurer Zukunft stattlich Haus;
Sonne strahlt in hellem Glanze
um das Haupt euch wunderbar:

Sei gegrüßt im Goldeskranze,
sei gegrüßt, du teures Paar!

Liebe war es, die vor Zeiten
euer Herz zusammenband,
Liebe hielt in Glück und Leiden,
hielt in allen Lagen stand,
und der Liebe starke Triebe
bringt euch auch die Zukunft dar:

Sei gegrüßt im Schmuck der Liebe,
sei gegrüßt, du liebes Paar!

VERFASSER UNBEKANNT

Ich bin klein, mein Wunsch ist klein:
Das Silberpaar soll glücklich sein.
Was wir heut mit Silber kränzen,
möge einst im Golde glänzen!

VERFASSER UNBEKANNT

Lieblich blühte der grüne Kranz
einst in goldener Locken Glanz;
schöner noch glänzt er heute fürwahr
silbern im leise ergrauten Haar:
Am schönsten nach fünfundzwanzig Jahr
schimmert er golden im silbernen Haar!

HELENE STÖKL

Glückwünsche zur Silberhochzeit

Fünfundzwanzig Jahre Eheleben
fest vereint in Glück und Leid,
immer nur das Beste geben,
ist schon keine Kleinigkeit.

Für die kommenden Gezeiten
sei beschert euch Gutes nur,
Glück soll weiter euch begleiten,
bis zur letzten Inventur.

Wir wünschen euch gemeinsam viele
Sonnentage, Gesundheit und Freude
für noch viele Jahre.

VERFASSER UNBEKANNT

Übereinstimmungsspiel (für Hochzeit, Silberhochzeit oder goldene Hochzeit)

Auf die eine Seite zweier Tennis- oder Federballschläger klebt man ein möglichst großes Bild der Braut, auf die andere Seite ein ebenso großes Bild des Bräutigams. Dann setzt man das Brautpaar Rücken an Rücken und stellt ihm Fragen, die es durch Hochhalten der entsprechenden Bildseite der Schläger beantworten muss.
Hier einige Ideen zu Fragen die man stellen kann:

Wenn euch das Brot ausgeht, wer von euch beiden rennt zum Bäcker und holt neues?
Wer entscheidet bei euch, wann und wohin es in Urlaub geht?
Wer von euch beiden macht morgens die Betten?
Wer von euch beiden kann besser mit Geld umgehen?
Wer von euch beiden gibt lieber Geld aus?
Wer von euch beiden sägt nachts alle Bäume ab?
Wer ist der bessere Autofahrer von euch?
Wer von euch beiden ist der bessere Beifahrer?
Wer von euch beiden kann besser singen? (mit Beweis)
Wer von euch beiden schwingt gerne das Tanzbein?
(Passt ans Ende des Spiels, um zum Tanzen überzuleiten.)

Die Fragen kann man nach den Eigenheiten oder Angewohnheiten des Paares aussuchen, je nachdem, wie gut man es kennt.
Am Schluss zählt man die Übereinstimmungen und die Abweichungen. Danach passt das Paar entweder sehr gut zusammen, ist also ein ideales Braut-, Silber- oder goldenes Paar, oder es muss sich noch besser kennen lernen.

Goldene Hochzeit

Lieber goldner Großpapa,
liebe goldne Großmama,
hier sind wir, um euch zu reichen
diese goldnen Ehrenzeichen,
nehmt's von uns in Liebe an,
alle haben wir teil daran.
Höret Gott auf unsre Bitte,
lässt er euch in unsrer Mitte
viele, viele Jahre noch –
unser Goldpaar lebe hoch!

Verfasser unbekannt

Ein Lebehoch

Verehrtes Paar, das fünfzig Jahre
die Freude und das Leid geteilt,
das liebreich noch im Silberhaare
gern in dem Kreis der Jugend weilt,
dir bring ich, und es teilen alle
des schönen Augenblickes Lust,
mit hoch geschwungenem Pokale
ein Lebehoch aus voller Brust!

Verfasser unbekannt

Zur Goldenen Hochzeit

Wenn die Hochzeitsglocke läutet
hör´ ich immer gerne zu,
denn ich weiß ihr Klang bedeutet:
Heut ist „Lebensrendezvous".

Grüne Hochzeit feiern viele,
silberne gibt es auch im Land,
doch zum fünfzigjährigen Ziele
sind die wenigsten im Stand.

Fünfzig Jahre Eheleben
fest vereint in Glück und Leid,
immer nur das Beste geben,
ist schon keine Kleinigkeit.

Was ihr beide nun vollendet,
liebes Jubelehepaar,
hat der Herrgott euch gespendet
als sein Treue-Honorar.

Gab es auch manch schwere Stunde,
blies der Sturm um euer Haus,
mit euch ist das Glück im Bunde,
jedenfalls sieht es so aus.

Für die kommenden Gezeiten
sei beschert euch Gutes nur,
Glück soll weiter euch begleiten,
bis zur letzten Inventur.

Habt noch viele schöne Stunden,
auch noch manchen Höhenflug,
bleibt so lang in Lieb verbunden,
bis Gott sagt: „Jetzt ist es genug."

Verfasser unbekannt

Zur goldenen Hochzeit

Golden, silbern, eisern, ehern
nennt die Alter man der Welt,
und zum mindern von dem Höhern
schreitet fort sie, wird erzählt.

Doch der Mensch in unsern Tagen
sieht die Alter sich verkehrt:
Jugend, die schon Sorgen plagen,
zeigt nur eisern ihren Wert.

Erzgewappnet geht das Leben,
selbst die Liebe wird zum Streit,
und dem stets erneuten Streben
liegt der Ruhe Glück so weit.

Erst nach durchgekämpften Jahren
lacht das Schicksal wieder hold,
und mit Silber in den Haaren
wird die Zeit, die Ehe – Gold.

Franz Grillparzer

Echt wie Gold

Man spricht von goldnen Saaten,
man rühmt des Weines Gold,
wer nie die Treu verraten,
ist fest und echt wie Gold.

So haben wir zum Kranze
euch goldne Blüt' geweiht,
zu schau'n in goldnem Glanze
das Bild der alten Zeit.

Blickt hin auf euer Leben,
's war goldner Ernte Bild,
es schimmert euer Streben
wie echtes Gold so mild.

Und wie in Feuersflammen
das Gold sich echt bewährt,
so hieltet ihr zusammen
an Hauses heil'gem Herd.

O wohl, es wird entschwinden
euch froh noch manches Jahr:
Dann werden wir euch winden
Diamant in Strauß und Haar.

VERFASSER UNBEKANNT

Zur goldenen Hochzeit

Hiermit wird belegt,
was heute unser Herz bewegt:

Heut´ ist ein Tag so wunderschön,
da wir ein Paar in Gold heut′ sehn.
Heute wird mal kurze Rast gemacht,
heut´ wird Vergangenes überdacht.
Heute wird mal alles überschaut,
was ihr angeschafft und aufgebaut.
So viel gelang euch in eurem Leben,
drum könnt ihr euch zufrieden geben.
Denn eine Leistung ist es gewiss,
wenn man so lang beisammen ist:

Denn heut´ wisst ihr ganz genau: Harmonie,
die funktioniert nicht nur mit Theorie.
Ihr wisst heute, wenn Freude und Glück auch rar,
man ist trotzdem immer für einander da.
Heut´ wisst ihr,
dass man mit Liebe, Treue, Schutz und Kraft,
diese lange Zeit auch schafft.

Und heut´ ist es für jeden gut zu sehen,
so wie ihr, sollte ein Paar stets zusammenstehen.

Nun wünschen wir euch
noch gemeinsam viele Sonnentage,
Gesundheit, Freude für noch viele Jahre.

Verfasser unbekannt

Bibelsprüche

Das ist mein Gebot:
Liebt einander,
so wie ich euch geliebt habe.
(Joh 15, 1, 2)

Wo zwei oder drei in meinem Namen versammelt sind,
da bin ich mitten unter ihnen.
(Mt 18, 20)

Die Liebe erträgt alles,
glaubt alles, hofft alles, hält allem stand.
Die Liebe hört niemals auf.
(1. Korintherbrief 13, 7)

Seid miteinander freundlich, herzlich,
vergebt einer dem anderen,
gleich wie Gott euch vergeben hat in Christus.
(Epheser 4, 32)

Denn Gott hat uns nicht gegeben den Geist der Furcht,
sondern der Kraft und der Liebe und der Besonnenheit.
(2. Timotheusbrief, 1, 7)

**Denn wo dein Schatz ist,
da ist auch dein Herz.**
(Matthäus 6, 21)

Wo du hingehst, da will ich auch hingehen;
wo du bleibst, da bleibe ich auch.
Dein Volk ist mein Volk, und dein Gott ist mein Gott.
(Ruth 1, 16)

Und siehe,
ich bin bei euch alle Tage
bis an der Welt Ende.
(Matthäus 28, 20)

Vor allen Dingen habt untereinander beständige Liebe;
denn die Liebe deckt auch der Sünden Menge.
(1. Petrusbrief 4, 8)

**Dient einander, ein jeder mit der Gabe,
die er empfangen hat, als die guten Haushalter
der mancherlei Gnade Gottes.**
(1. Petrusbrief 4, 1)

Berühmte Liebespaare

Das Spiel eignet sich besonders gut dafür, Paare zu bilden und die Gäste zu mischen und miteinander bekannt zu machen.
Zunächst beschriftet man kleine Karten mit den Namen von berühmten Liebespaaren wie z. B. Romeo & Julia. Die Kärtchen mit den Namen der weiblichen Geliebten kommen in ein Gefäß, die mit den Namen der männlichen Liebhaber in ein anderes. Die Gäste dürfen nun jeweils eine Karte ziehen: die Damen eine aus dem Topf mit den Männern, die Herren eine aus dem Topf mit den Frauen.
Die so gemischten Paare werden dann von einem Spielleiter anhand einer Liste nach Paaren aufgerufen und auf die Tanzfläche gebeten. Haben sich schließlich alle Paare auf der Tanzfläche versammelt, wird eine passende „Hochzeits"-Musik gespielt, zu der sich gut tanzen lässt.

Um das Spiel ein wenig bunter zu machen, kann man für jedes Paar ein passendes Requisit bereit halten, etwa einen Apfel für Adam & Eva oder eine Krone für Cäsar & Cleopatra, das man ihnen beim Aufrufen übergibt. Oder man stattet die Paare etwas opulenter aus, mit Schminke und kleinen, typischen Accessoires, wozu man eine Partie, z.B. die Herren, in einen anderen Raum bittet, damit nicht gleich alle erkennen, wer zu wem gehört.

Einige berühmte Liebespaare:

Lancelot & Guinevere, Romeo & Julia, Tristan & Isolde, Adam & Eva, Faust & Gretchen, Robin Hood & Lady Marianne, Cäsar & Cleopatra, Napoleon & Josephine, J.F. Kennedy & Marilyn Monroe, Fred Astaire & Ginger Rogers, Rhett Butler & Scarlett O'Hara, Tarzan & Jane, Kermit & Miss Piggy, Daisy & Donald Duck, Minnie & Mickymaus, Prinz Charles & Lady Diana.

Richtfest und Einzug

Wer sich behaglich fühlt zu Haus,
der rennt nicht in die Welt hinaus.

In jedes Haus, wo Liebe wohnt,
da scheint hinein auch Sonn' und Mond,
und ist es noch so ärmlich klein,
es kommt der Frühling doch hinein.

Heinrich Hoffmann von Fallersleben

Gott segne das Haus

**Wir haben zuerst eine Stube gebaut,
wie ihr nun alle mit Augen schaut.
Wir bauten auch eine Kammer dazu,
da findet ihr nach der Arbeit Ruh.
Wir bauten eine Küche ins Haus,
nie lösche die Not das Feuer dort aus.
Fleisch, Butter und Brot
beschere euch immer der liebe Gott;
doch ist viel besser als aller Gewinn
ein fröhlicher, frommer, zufriedener Sinn.
Der gehe nie aus! Gott segne das Haus.**

Volksgut

Das neue Haus ist aufgericht',
gedeckt, gemauert ist es nicht.
Noch können Regen und Sonnenschein
von oben und überall herein.
Drum rufen wir zum Meister der Welt,
er wolle von dem Himmelszelt
nur Heil und Segen gießen aus
hier über dieses offne Haus.
Zuoberst woll' er gut Gedeihn
in die Kornböden uns verleih'n;
in die Stube Fleiß und Frömmigkeit,
in die Küche Maß und Reinlichkeit,
in den Stall Gesundheit allermeist,
in den Keller dem Wein einen guten Geist.
Die Fenster und Pforten woll' er weih'n,
dass nichts Unseliges komm herein,
und dass aus dieser neuen Tür
bald fromme Kindlein springen für.
Nun, Maurer, deckt und mauert aus!
Der Segen Gottes ist im Haus!

LUDWIG UHLAND

Dieses Haus steh' in Gottes Hand

Dieses Haus steh' in Gottes Hand.
Der Herr bewahr es vor Feuer und Brand,
und alle, die gehen aus und ein,
lass dir, o Herr, befohlen sein!

VOLKSGUT

Wer Gott vertraut, hat wohl gebaut.
Lug, Untreue, falscher Schein
soll dieses Haus verschlossen sein.
Dein Leib verwest, dein Herz zerfällt,
Staub wird einst alle Erdenwelt;
doch niemals stirbt, was Menschenkraft
im Geist und in der Wahrheit schafft.

JOSEPH VIKTOR VON SCHEFFEL

Hier bin ich zu Haus

Der Mensch braucht ein Plätzchen,
und wär's noch so klein,
von dem er kann sagen:
Sieh her, das ist mein!
Hier leb ich, hier lieb ich,
hier ruhe ich aus.
Hier ist meine Heimat.
Hier bin ich zu Haus.

VERFASSER UNBEKANNT

Beim Bauen
muss man schauen
sich nicht zu verhauen,
sonst kommt man in des Elends Klauen.

ABRAHAM A SANTA CLARA

Bis die Welt wird untergehn

Wenn dieses Haus so lange nur steht,
bis aller Neid und Hass vergeht,
dann bleibt's fürwahr so lange stehn,
bis die Welt wird untergehn.
VOLKSGUT

Wer sich behaglich fühlt zu Haus,
der rennt nicht in die Welt hinaus.
FRIEDRICH RÜCKERT

Das eigne Heim, es ist vollendet,
behüt's euch Gott, der Gutes sendet,
vor jedem Schaden, allem Ungemach
vom tiefen Keller bis zum hohen Dach.
Wir wünschen es sehr, so soll es sein:
Hier zieh'n mit euch Glück und Frieden ein!
VERFASSER UNBEKANNT

Dieses Haus steh in Gottes Hand.
Herr bewahr es vor Feuer und Brand,
und alle, die gehn aus und ein,
lass dir, o Herr, befohlen sein.
VERFASSER UNBEKANNT

Brech der lustige Sonnenschein
mit der Tür euch ins Haus hinein,
dass alle Stuben so frühlingshelle;
ein Engel auf des Hauses Schwelle
mit seinem Glanze säume
Hof, Garten, Feld und Bäume,
und geht die Sonne abends nie aus,
führ er die Müden mild nach Haus.
JOSEPH VON EICHENDORFF

Gott schütze uns vor Feuer und Wind
und vor Arbeitern, die langsam sind.
AUS MECKLENBURG

Wenn du Freunde verlassen oder fortziehen musst,
dann können euch vielleicht
tausend Kilometer voneinander trennen.
Aber für Gedanken und Herzen
gibt es keine Kilometer.
VERFASSER UNBEKANNT

Glück hinein und Sorgen hinaus

Tragt Glück hinein und Sorgen hinaus,
wünsch ich euch zum neuen Haus.
Zu eurer Heimat werde es schnell,
das euch schützt und wärmt wie ein Fell,
das euch beschütze vor Mühsal und Plag,
euch nur beschere gute Tag!

Verfasser unbekannt

Herr, lass dir gefallen
dieses kleine Haus,
größre kann man bauen,
mehr kommt nicht heraus.

Johann Wolfgang von Goethe

Lang ersehnt,
jetzt endlich wahr:
Ihr habt ein Haus!
Wie wunderbar!
Es sei und bleibe euch allezeit
Glücksquelle der Gemeinsamkeit!

Verfasser unbekannt

Mal innen dein Zimmer aus,
dass sich daran dein Aug erquicke;
lass außen ungeschmückt dein Haus,
dass es nicht reize Feindesblicke.

Friedrich Rückert

Wir regen die Hände
und gründen die Wände,
wir kamen vom Fach
bis unter das Dach.
Gott wollt es beschützen
vor Donner und Blitzen,
vor Regen und Sturm
und Mäusen und Wurm!
Vor Schwamm, dem versteckten,
vor vielen Kollekten,
vor Schulden im Buch
und schlechtem Besuch!

KARL IMMERMANN

Freude, Glück und Sonnenschein

Bosheit, Feinde, schlimme Leiden
sollen eure Türe meiden!
Freude, Glück und Sonnenschein
sollen euch willkommen sein!

VERFASSER UNBEKANNT

Herr, beschütze unser Heim

Möge dieses Haus gewähren
Hort und Heim in Glanz und Ehren
denen, die es sich erbauten!
Und ihr Richtspruch möge lauten:
„Herr, beschütze unser Heim,
gib uns deinen Segen drein!"

VERFASSER UNBEKANNT

Die neue Wohnung

Nach vielen Mühen und langer Zeit
bekommt ihr endlich die Belohnung:
Ihr habt glücklich euer Ziel erreicht; es ist so weit.
Frieden, Eintracht, Glück und Freude
in der neuen Wohnung!

VERFASSER UNBEKANNT

Das eigen Heim

Das eigen Heim, es ist vollendet,
behüt´s euch Gott, der Gutes sendet,
vor jedem Schaden, allem Ungemach
vom tiefen Keller bis zum hohen Dach.
Wir wünschen es sehr, so soll es sein:
Hier zieh´n mit euch Glück und Frieden ein!

VERFASSER UNBEKANNT

Gott behüt dies Haus

Gott behüt dies Haus so lang,
bis ein Schneck die Welt durchgang,
bis ein Ameis dürst so sehr,
dass sie austrinkt das ganze Meer.

Verfasser unbekannt

An Gott allein gelegen

Schützt auch das Dach vor Regen,
die Mauer vor dem Wind,
so ist doch allerwegen
an Gott allein gelegen,
ob wir geborgen sind.

Verfasser unbekannt

Bräuche zum Einzug

Einzug in eine neue Wohnung

Will man umziehen, sollte man das bei zunehmendem Mond tun. Es bringt Unglück ins neue Heim, wenn man bei abnehmendem Mond die Wohnung wechselt.

„Man muss auf keinem Montag in den Dienst treten, in ein Haus ziehen oder sonst was beginnen, solches wird sonst nicht wochenalt."

(Brüder Grimm, Deutsche Mythologie)

Mitgebrachtes Salz und Brot bewahren die Bewohner eines neuen Hauses vor einem Mangel an diesen Lebensmitteln.

Vor Hexen und Dämonen im neuen Heim schützt Salz, und auch ein Eimer Wasser, der beim Einzug mitgebracht wird, macht Dämonen das Eindringen schwer.

Neubau eines Hauses

Am 29. Juni, dem Peterstag, sollte vor Sonnenaufgang das Bauholz mit einem Stück Eichenholz beklopft und dabei „sunte worm wut du herut, sunte Peter is kommen" gesprochen werden.

Um einen festen Bau zu sichern, sollte das Holz teils gestohlen, teils geschenkt und teils gekauft sein.

Gibt man einen Wacholder mit ins Fundament, schützt das vor Dämonen und Hexerei.

Pension und Ruhestand

Kein Reichtum übertrifft
den Reichtum der Gesundheit,
kein Gut ein heiteres Gemüt.

Verse, Reime und Wünsche

Nicht müde werden,
sondern dem Wunder
leise wie ein Vogel
die Hand hinhalten.
Verfasser unbekannt

Altwerden

Mit dem Altwerden
ist es wie mit dem Besteigen eines Berges:
Je höher man steigt,
desto mehr schwinden die Kräfte –
aber umso weiter sieht man.
Verfasser unbekannt

Kein Reichtum übertrifft den Reichtum der Gesundheit,
kein Gut ein heiteres Gemüt.
(Jesus Sirach 30, 16)

Alt werden will jeder,
älter werden niemand.
Verfasser unbekannt

Was ein Rentner wohl so macht?

Früher hab´ ich oft gedacht,
was ein Rentner wohl so macht?
Heute ist es nun so weit,
doch was hab´ ich? Keine Zeit!
Hetzen schnell von hier nach da.
Hallo Opa, bist du da?
So geht´s jetzt tagaus, tagein,
dachte nicht: So wird es sein.
Meine Ruhe ist dahin,
auch wenn ich jetzt Rentner bin.

VERFASSER UNBEKANNT

Doppelt lebt,
wer auch Vergangnes genießt.
VERFASSER UNBEKANNT

Es ist des Menschen würdiger,
sich lachend über das Leben zu erheben,
als es zu beweinen.
SENECA

Blicke mit Lust in die Zukunft
und jammere nicht über die Gegenwart
VERFASSER UNBEKANNT

Geisteshaltung

Die Jugend kennzeichnet nicht
einen Lebensabschnitt,
sondern eine Geisteshaltung;
Sie ist Ausdruck des Willens,
der Vorstellungskraft und der Gefühlsintensität.
Sie bedeutet Sieg des Mutes
über die Mutlosigkeit,
Sieg der Abenteuerlust
über den Hang zur Bequemlichkeit.
VERFASSER UNBEKANNT

Du bist so jung wie dein Glaube.
So alt wie deine Zweifel.
So jung wie dein Selbstvertrauen.
So jung wie deine Hoffnung.
So alt wie deine Niedergeschlagenheit.

VERFASSER UNBEKANNT

**Jung ist,
wer noch staunen und sich begeistern kann.
Wer noch wie ein unersättliches Kind fragt:
Und dann?
Wer die Ereignisse herausfordert
und sich freut am Spiel des Lebens.**

VERFASSER UNBEKANNT

Man wird nicht alt

Man wird nicht alt, weil man
eine gewisse Anzahl Jahre gelebt hat:
Man wird alt, wenn man seine Ideale aufgibt.
Die Jahre zeichnen zwar die Haut –
Ideale aufgeben aber zeichnet die Seele.
Vorurteile, Zweifel, Befürchtungen
und Hoffnungslosigkeit sind Feinde,
die uns nach und nach zur Erde niederdrücken
und uns vor dem Tod zu Staub werden lassen.

VERFASSER UNBEKANNT

Ihr werdet jung bleiben,
so lange ihr aufnahmebereit bleibt:
Empfänglich fürs Schöne, Gute und Große,
empfänglich für die Botschaften der Natur,
der Mitmenschen, des Unfasslichen.
Sollte eines Tages euer Herz
geätzt werden von Pessimismus,
zernagt von Zynismus,
dann möge Gott Erbarmen haben
mit eurer Seele – der Seele eines Greises.

MARC AUREL

Vergiss heut alle deine Sorgen
und lach bis in den hellen Morgen.
VERFASSER UNBEKANNT

Das Leben muss man stets genießen

Vergeht auch Jahr um Jahr, eines ist ganz klar:
Das Leben muss man stets genießen,
keine Stunde darf ohne Freud verfließen!
VERFASSER UNBEKANNT

... Jahre sind nun vergangen,
seit dein Leben angefangen.
Zu diesem schönen Feste
wünschen wir dir das Allerbeste.
VERFASSER UNBEKANNT

Wir sehen dich in tausend Bildern,
(Name),
herzlich ausgedrückt,
doch keins von allen kann dich schildern,
wie unsere Seele dich erblickt.
VERFASSER UNBEKANNT

Jetzt fängt ein neues Leben an!

Nach vielen Tätigkeitsjahrzehnten
tritt an Sie heran und ein,
wonach Sie sich schon so lange sehnten:
Ein völlig freier Mensch zu sein!
Für Sie ist das gewiss nicht schmerzlich,
was man durchaus verstehen kann.
Wir gratulieren wirklich herzlich:
Jetzt fängt ein neues Leben an!

Verfasser unbekannt

Eine Ehrenkrone ist das Alter;
auf dem Weg der Gerechtigkeit
wird es gefunden.

Sprüche Salomons

Der Jünglinge Frohlocken ist ihre Kraft;
und die Würde der Greise
ist ihr graues Haar.

Sprüche Salomons

Immer wieder Gelegenheiten finden,
mit Freunden all das zu genießen,
was unser Leben bunt macht.
Viele solcher kleinen Inseln des Glücks,
die wünsche ich dir.

Verfasser unbekannt

Lernen und nicht denken ist nichtig.
Denken und nicht lernen ist gefährlich.

Bestandene Prüfung

Geschenkidee

Schatzbergung unter Wasser

Der Boden einer kugelförmigen Blumenvase wird mit Sand gefüllt, in die Mitte kommt als „Schatztruhe" ein kleines Kästchen mit dem Geschenk. Man kann darin Geld verstecken, Schmuck, aufgerollte Karten für Theater, Kino oder Konzerte und Gutscheine. Um eine maritime Atmosphäre zu erzeugen, wird der Boden mit kleinen Steinchen, Muscheln, Perlen, Sternchen o.ä. dekoriert. An einem Pappdeckel an der Vasenöffnung kann man mit Nylonfäden kleine Plastikfische befestigen, sodass sie in der Unterwasserszene zu schwimmen scheinen. Soll die Vase ein reines Geldgeschenk beherbergen, kann man die Fische auch aus Scheinen falten.

Bestandene Prüfung: Beifall und Applaus!
Da freut sich herzlich jeder, der dich kennt.
Und lernt man auch im Leben niemals aus:
Ein Dokument bleibt doch ein Dokument!

Verfasser unbekannt

Wir gratulieren

In unser aller Namen
gratuliere ich zum Examen:
Jetzt beginnt ein neuer Lebensabschnitt!
Und wir alle freun uns und gehen ihn mit!

Verfasser unbekannt

Der Fleiß hat sich rentiert

**Wer so die Prüfung meistert,
von dem ist man begeistert;
der Fleiß hat sich rentiert.
Man strahlt; man gratuliert!**

Verfasser unbekannt

Nun ist die Hürde genommen

Wochenlang war man beklommen,
weil die Zeit der Prüfung kam.
Nun ist die Hürde glatt genommen,
und keiner ist dem Schicksal gram.
Da können wir alle fröhlich jubilieren
und zum bestandenen Examen gratulieren.

Verfasser unbekannt

Glückwunsch! Nun geht's auf der Leiter
des Berufs viel glatter weiter!

Verfasser unbekannt

Glückwunsch zur Prüfung

In frohen Tönen wird's gesungen:
Glückwunsch zur Prüfung, die gelungen!
Es quält grad' das gewisse Ungewisse
vor einer Prüfung ziemlich hart und schmerzlich.
Glatt überwunden sind die Hindernisse!
Man freut sich mit und gratuliert sehr herzlich!

Verfasser unbekannt

Nach solcher Prüfung ist man doch
erleichtert und entspannt.
Ich gratuliere dem,
der so gut bestand!

Verfasser unbekannt

Lernen und nicht denken ist nichtig.
Denken und nicht lernen ist gefährlich.
KONFUZIUS

Gratulation!

Wenn Fleiß und Glück zusammenkommen,
wird manche Hürde glatt genommen.
Mit Recht ist man dann stolz, froh und heiter.
Gratulation! Weiter so auf der Lebensleiter!
VERFASSER UNBEKANNT

Willst du getrost durchs Leben geh´n,
blick über dich!
Willst du nicht fremd im Leben steh´n,
blick um dich.
Willst du dich selbst in einem Werte seh´n,
blick in dich!
JOHANN KASPAR LAVATER

Die Erfahrung kostet ein hohes Schulgeld, aber ihr Unterricht ist unbezahlbar.
THOMAS CARLYLE

Eines soll dich beglücken,
das Bewusstsein, noch lange nicht am Ziel zu sein,
und das Gefühl der Kraft, dass du es erreichen kannst.
VERFASSER UNBEKANNT

Der Stein, der dir vom Herzen gefallen ist,
soll zum puren Gold dir werden.
VERFASSER UNBEKANNT

Ohne Neugier gäbe es keine neue Erkenntnis,
ohne Staunen keine neuen Ideen und Vorstellungen
und ohne hartnäckigen Fleiß keinen Erfolg.
VERFASSER UNBEKANNT

Wer fragt, der lernt.
DEUTSCHES SPRICHWORT

Alles sei recht, was du tust;
doch dabei lass es bewenden, Freund,
und enthalte dich ja, alles, was recht ist, zu tun.
Wahrem Eifer genügt,
dass das Vorhandene vollkommen sei;
der falsche will stets, dass das Vollkommene sei.
FRIEDRICH VON SCHILLER

Eng ist die Welt,
und das Gehirn ist weit,
leicht beieinander
wohnen die Gedanken,
doch hart im Raume
stoßen sich die Sachen.
FRIEDRICH VON SCHILLER

Das Staunen ist eine Sehnsucht nach Wissen.
THOMAS VON AQUIN

Rastlos vorwärts musst du streben,
nie ermüdet stille stehn,
willst du die Vollendung sehn;
musst ins Breite dich entfalten,
soll sich deine Welt gestalten;
in die Tiefe musst du steigen,
soll sich dir das Wesen zeigen.
Nur Beharrung führt zum Ziel,
nur die Fülle führt zur Klarheit,
und im Abgrund wohnt die Wahrheit.

FRIEDRICH VON SCHILLER

**Ein Mensch kann nicht alles wissen,
aber etwas muss jeder haben,
was er ordentlich versteht.**

GUSTAV FREYTAG

Du sehnst dich, weit hinauszuwandern,
bereitest dich zu raschem Flug.
Dir selbst sei treu und treu den andern,
dann ist die Enge weit genug!

JOHANN WOLFGANG VON GOETHE

Nutze deine jungen Tage,
lerne zeitig, klüger sein.
Auf des Glückes großer Waage
steht die Zunge selten ein.
Du musst steigen oder sinken,
du musst herrschen und gewinnen
oder dienen und verlieren,
leiden oder triumphieren,
Amboss oder Hammer sein!

JOHANN WOLFGANG VON GOETHE

Genug weiß niemand, zu viel so mancher.

MARIE VON EBNER-ESCHENBACH

Ein stolzer Mensch
verlangt von sich das Außerordentliche.
Ein hochmütiger Mensch
schreibt sich viel zu.

MARIE VON EBNER-ESCHENBACH

An sich

Sei dennoch unverzagt! Gib dennoch unverloren!
Weich keinem Glücke nicht, steh höher als der Neid,
vergnüge dich an dir und acht es für kein Leid,
hat sich gleich wider dich Glück,
Ort und Zeit verschworen.

Was dich betrübt und labt, halt alles für erkoren;
nimm dein Verhängnis an. Lass alles unbereut.
Tu, was getan muss sein, und eh man dir's gebeut.
Was du noch hoffen kannst,
das wird noch stets geboren.

Was klagt, was lobt man noch?
Sein Unglück und sein Glücke
ist ihm ein jeder selbst. Schau alle Sachen an:
Dies alles ist in dir. Lass deinen eitlen Wahn,

Und eh du fürder gehst, so geh in dich zurücke.
Wer sein selbst Meister ist und sich beherrschen kann,
dem ist die weite Welt und alles untertan.

Paul Fleming

Das flücht´ge Lob, des Tages Ruhm
magst du dem Eitlen gönnen;
das aber sei dein Heiligtum:
vor dir bestehen können.

Theodor Fontane

Jubiläum

Lust und Liebe zu einem Ding,
macht die schwerst Arbeit gering.

VERSE, REIME UND WÜNSCHE

Mit vierzig Jahren ist der Berg erstiegen,
wir stehen still und schau'n zurück,
dort sehen wir der Kindheit stilles liegen
und dort der Jugend lautes Glück.

Noch einmal schau und dann kräftig weiter.
Erhebe deinen Wanderstab!
Hin dehnt ein Bergesrücken sich, ein breiter,
und hier nicht, drüben geht's bergab.

Nicht atmend aufwärts brauchst du mehr zu steigen,
die Ebne zieht von selbst dich fort;
dann wird sie sich mit dir unmerklich neigen,
und eh du's denkst, bist du im Port.

FRIEDRICH RÜCKERT

Die einst auf einer Schulbank gesessen,
die können im Leben sich nie vergessen,
sie bleiben, wie weit die Pfade sich scheiden,
einander treu in Freuden und Leiden.
So woll'n auch wir beide es treulich halten:
Ob fern, ob nah, wir bleiben die Alten.

Helene Stökl

Rastlos vorwärts musst du streben,
nie ermüdet stille stehn,
willst du die Vollendung sehn;
musst ins Breite dich entfalten,
soll sich dir die Welt gestalten;
in die Tiefe musst du steigen,
soll sich dir das Wesen zeigen.
Nur Beharrung führt zum Ziel,
nur die Fülle führt zu Klarheit,
und im Abgrund wohnt die Wahrheit.

Friedrich Schiller

Wer sich an andre hält,
dem wankt die Welt,
wer auf sich selbst ruht,
steht gut.

Paul Heyse

Das ist ewig wahr: Wer nichts für andere tut,
tut nichts für sich.

Johann Wolfgang von Goethe

Frieden und Zufriedenheit

Was sind schon ... Jahre Zeit –
gemessen an der Ewigkeit?
Ich wünsch zum Jubiläum heut
dir Frieden und Zufriedenheit!

Verfasser unbekannt

Lebe mit deinem Jahrhundert,
aber sei nicht sein Geschöpf:
Leiste deinen Zeitgenossen,
aber was sie bedürfen,
nicht was sie loben.

Friedrich von Schiller

Zwischen dem Alten,
zwischen dem Neuen,
hier uns zu freuen
schenkt uns das Glück,
und das Vergangen
heißt mit Vertrauen
vorwärts zu schauen,
schauen zurück.

Johann Wolfgang von Goethe

Lust und Liebe zu einem Ding,
macht die schwerst Arbeit gering.
DEUTSCHES SPRICHWORT

Wenn´s etwas gibt,
gewalt´ger als das Schicksal,
so ist´s der Mut,
der´s unerschüttert trägt.
EMANUEL GEIBEL

Ideale sind wie Sterne:
Man kann sie nicht erreichen,
aber man kann sich
nach ihnen orientieren.
CARL SCHURZ

An kleinen Dingen
muss man sich nicht stoßen,
wenn man zu großen
auf dem Weg ist.

Friedrich Hebbel

Wer still steht, geht zurück;
wer auf Lorbeeren ruht,
die er nicht brach,
liegt nur auf einer schönen Bärenhaut.
Nur wer immer tun will, als schon getan ist,
wird das tun, was er kann.

Ernst Moritz Arndt

Sammle dich zu jeglichem Geschäfte,
nie zersplittre deine Kräfte,
teilnahmsvoll erschließe Herz und Sinn,
dass du freundlich andern dich verbindest.
Doch nur da gib ganz dich hin,
wo du ganz dich wiederfindest.

Martin von Bodenstedt

Aus den Wolken muss es fallen,
aus der Götter Schoß, das Glück,
und der mächtigste von allen
Herrschern ist der Augenblick.
Friedrich von Schiller

So sauer ringt die kargen Lose
der Mensch dem harten Himmel ab,
doch leicht erworben, aus dem Schoße
der Götter, fällt das Glück herab.
Friedrich von Schiller

Zum Werke, das wir einst bereiten,
geziemt sich wohl ein ernstes Wort;
wenn gute Reden sie begleiten,
dann fließt die Arbeit munter fort.
So lasst uns jetzt mit Fleiß betrachten,
was durch die schwache Kraft entspringt:
Den schlechten Mann muss man verachten,
der nie bedacht, was er vollbringt.
Das ist´s ja, was den Menschen zieret,
und dazu ward ihm der Verstand,
dass er im innern Herzen spüret,
was er erschafft mit seiner Hand.
Friedrich von Schiller

**Irrtum verlässt uns nie;
doch ziehet ein höher Bedürfnis
immer den strebenden Geist
emsig zur Wahrheit hinan.**

Johann Wolfgang von Goethe

Zufriedenheit

Zufrieden sein ist große Kunst,
zufrieden scheinen bloßer Dunst,
zufrieden werden großes Glück,
zufrieden bleiben Meisterstück.

Verfasser unbekannt

Fürchte dich nicht vor dem langsamen Vorwärtsgehen,
fürchte dich nur vor dem Stehenbleiben.

Weisheit aus Hongkong

Durch bloße Lehren
sind nie die Menschen zu bekehren:
Das gute Beispiel prägt allein
der Lehre Sinn dem Herzen ein.
MARTIN VON BODENSTEDT

Weichheit ist gut an ihrem Ort,
aber sie ist kein Losungswort,
kein Schild, keine Klinge und kein Griff,
kein Steuere, kein Panzer für dein Schiff.
Du ruderst mit ihr vergebens.
Kraft ist die Parole des Lebens:
Kraft im Zuge des Strebens,
Kraft im Wagen, Kraft im Schlagen
Kraft im Behagen, Kraft im Entsagen,
Kraft im Ertragen,
Kraft bei des Bruders Not und Leid
Im stillen Werke der Menschlichkeit.
FRIEDRICH THEODOR VON VISCHER

Ein Festtag soll dich stärken
zu deines Werktags Werken,
dass du an dein Geschäfte
mitbringst frische Kräfte.
Du darfst nicht in den Freuden
die Kräfte selbst vergeuden;
neu sollen sie ersprießen
aus mäßigem Genießen.
FRIEDRICH RÜCKERT

Nur die Sache ist verloren, die man selber aufgibt.
GOTTHOLD EPHRAIM LESSING

Selbst ein Weg von tausend Meilen
beginnt mit einem Schritt.
JAPANISCHE WEISHEIT

Am Ziel der Wünsche
wirst du jedenfalls eines vermissen:
dein Wandern zum Ziel.
MARIE VON EBNER-ESCHENBACH

Wenn es einen Glauben gibt, der Berge versetzen kann,
so ist es der Glaube an die eigene Kraft.
MARIE VON EBNER-ESCHENBACH

Das schwere Leben ist am leichtesten zu tragen,
wenn man sich schwere Aufgaben stellt.
PETER ROSEGGER

Mit klarem Ziel gewinnt man viel.
SPRICHWORT

Den Sieg erringt, wer sich bezwingt.
SPRICHWORT

Tischreden für alle Gelegenheiten

Tages Arbeit! Abends Gäste!
Saure Wochen! Frohe Feste!

Wie eine Rede gelingt

1. Das Publikum: Wer hört zu?

Die beste Rede taugt nichts, wenn sie an den Erwartungen und Stimmungen der Zuhörer vorbeigeht. Deshalb immer die Ich-Bezogenheit der Zuhörer berücksichtigen, sie ist der beste Garant für Aufmerksamkeit. Folgende Fragen spiegeln die Erwartungshaltung der Zuschauer wider:

- Welche für mich neuen Informationen kann ich aus dieser Rede herausziehen?
- Welche Veränderungen können diese Neuerungen für mich bedeuten?
- Wie kann ich Informationen aus der Rede zu meinem Vorteil nutzen?
- Wie kann ich aus dem Redeinhalt erkennbare Nachteile für mich abmildern?

Nicht, was man tatsächlich sagen, sondern was dies für den Einzelnen bedeuten könnte und/oder welche Schlussfolgerungen er für sich selbst daraus zieht, ist, was letztlich die Ohren der Zuhörer wirklich erreicht.

2. Das Grundkonzept: Was will ich sagen?

Brainstorming
Zunächst sollte man alle Gedanken, die einem zum Thema einfallen, aufschreiben. Hier noch keine „Schere im Kopf" ansetzen, jede Idee ist willkommen und wenn sie noch so ausgefallen scheint. Dabei das Publikum nicht vergessen.

Aussortieren
Aus der Menge des gesammelten Materials werden dann die wirklich wichtigen Punkte ausgewählt. Welche das sind, zeigt sich bei einer ersten Grobgliederung. Oft bietet es sich da an, auf alle Gedanken zu verzichten, die rein gefühlsmäßig als zu abwegig erscheinen.

Stichworte
Nun werden die wichtigen Schlagwörter herausgefiltert. So, wie es für die gesamte Rede eine zentrale Überschrift oder ein Motto gibt, bilden die Schlagwörter die Zwischen- oder Kapitelüberschriften des Manuskripts.

3. Schreiben: Wie spanne ich den roten Faden?

Hier kommt es darauf an, eine logische Verbindung der Stichworte herzustellen, sodass sie wie an einem roten Faden aufgereiht sind. Dabei ist es am besten, den Schluss zuerst zu formulieren, da er praktisch die Zusammenfassung dessen ist, was man zu sagen hat. Dann fällt es leichter, alle anderen Teile der Rede zielgerichtet auf diesen Schluss hin zu ordnen und auszuformulieren.

Überarbeitung
Um festzustellen, ob die Rede in Ordnung ist oder noch überarbeitet werden muss, sollte man sie jemandem zu lesen geben oder sie jemandem vorlesen. Wer auch immer sich in Familie, Freundes- und Bekanntenkreis oder unter den Arbeitskollegen dazu findet, sollte kurz auf das Thema eingestimmt werden. Wichtige Zusammenhänge müssen bekannt sein.

4. Präsentation: Sich mit dem Inhalt vertraut machen

Den Inhalt kennen
Damit die Rede ein Erfolg wird, ist es wichtig, sich mit dem fertigen Manuskript vertraut zu machen und es im Gedächtnis abzuspeichern. Das geht nicht, wenn man den fertigen Text erleichtert in einer Schublade verschwinden lässt, um ihn erst unmittelbar vor dem Vortrag wieder herauszuholen.

Redeproben
Betonungen, Pausen und Wiederholungen an entscheidenden Stellen sind wichtige Stilmittel, die geübt werden müssen. Auch deshalb sollte man den Text wiederholt durchgehen, und zwar in Originallautstärke.

Publikumsreaktion
Zum Schluss sollte man auch noch die Reaktionen der Zuhörer berücksichtigen: Wo ist mit Störungen durch negative (Pfiffe, Buhrufe) oder positive (Beifall) Äußerungen zu rechnen, wie ist darauf zu reagieren? Und auch weitere Tücken wie technische Pannen oder mangelnde Verständlichkeit muss man einplanen.

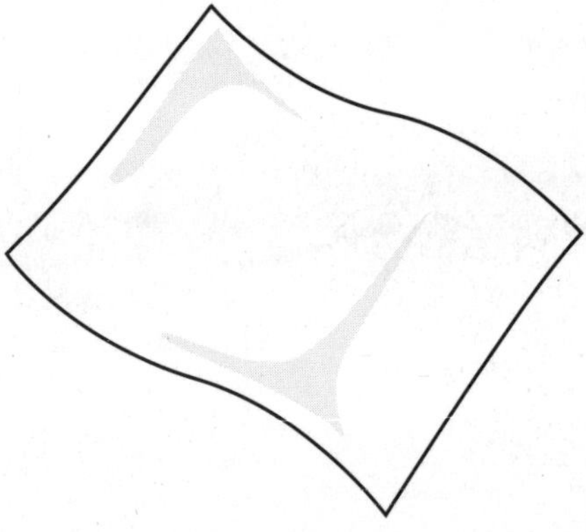

Sprüche, Verse, Reime

Verehrte liebe Gäste!

In der Kürze liegt, wie ein altes Sprichwort sagt,
die Würze.
Drum würze ich kurz, bündig und getrost
die Unterhaltung mit dem Worte „Prost"!

Verfasser unbekannt

Der edle Wein

ist doch der beste Schieferdecker,
sein güldner Schein
macht alle Menschen etwas kecker,
ich wundre mich,
dass er so klettern kann und steigen,
und macht, dass sich
die großen Häupter vor ihm neigen.

Des Knaben Wunderhorn

Fröhlichkeit und Mäßigkeit sind die besten Ärzte.
REDENSART

Allen Gästen sei gedankt,
die den Weg hierher genommen.
Und nun wacker zugelangt!
Alles möge gut bekommen!
VERFASSER UNBEKANNT

Wein ist stärker als das Wasser,
dies gestehn auch seine Hasser.
Wasser reißt wohl Eichen um,
und hat Häuser umgerissen.
Und ihr wundert euch darum,
dass der Wein mich umgerissen?
GOTTHOLD EPHRAIM LESSING

Tages Arbeit! Abends Gäste!
Saure Wochen! Frohe Feste!
JOHANN WOLFGANG VON GOETHE

Bei Brot und Wein kann man fröhlich sein.
SPRICHWORT

Lebe, bis du satt geküsst,
und des Trinkens müde bist.
GOTTHOLD EPHRAIM LESSING

Was für Redner sind wir nicht,
wenn der Rheinwein aus uns spricht.
GOTTHOLD EPHRAIM LESSING

Zu viel kann man wohl trinken,
doch nie trinkt man genug.
GOTTHOLD EPHRAIM LESSING

Erlauchte Bettler hab ich gekannt,
Künstler und Philosophen gekannt;
doch wüsst ich niemand, ungeprahlt,
der seine Zeche besser bezahlt.
JOHANN WOLFGANG VON GOETHE

Solange man nüchtern ist,
gefällt das Schlechte.
Wie man getrunken hat,
weiß man das Rechte.
JOHANN WOLFGANG VON GOETHE

Lieb, Leid und Weines Trunkenheit,
ob's nachtet oder tagt,
die göttlichste Betrunkenheit,
die mich entzückt und plagt.

JOHANN WOLFGANG VON GOETHE

Beim Trinken und Essen
wird der Kummer vergessen.

SPRICHWORT

Trinke stets mit Maß und Ziel
und trinke mit Verstand.
Wenn das Gläschen wackeln will,
so tu' es aus der Hand.

VOLKSMUND

Auf Hügeln, feurig und sonnig,
da wächst er, der gold'ne Wein;
drum ist er so froh und so wonnig
wie des Himmels Sonnenschein.

FELIX DAHN

Wasser macht weise,
fröhlich der Wein.
Trinke drum beides,
um beides zu sein.

VOLKSMUND

Feiertage

**Ein kleines Wünschchen bring ich fröhlich dar,
es heißt: „Gott segne euch im neuen Jahr!"**

Ostern

Drunten an der Gartenmauern
hab ich sehn das Häslein lauern.
Eins, zwei, drei –
legt's ein Ei,
lang wird's nimmer dauern.
Kinder, lasst uns niederducken!
Seht ihr's ängstlich um sich gucken?
Ei, da hüpft's –
und dort schlüpft's
durch die Mauerlucken,
und nun sucht in allen Ecken,
wo die schönen Eier stecken:
Rot und blau
grün und grau,
und mit Marmeladenflecken.

Friedrich Wilhelm Güll

Möchte wohl wissen, wer das ist

Ich weiß ein kleines, weißes Haus,
hat keine Fenster, keine Tore,
und will der kleine Wirt heraus,
so muss er erst die Wand durchbohren.

Möchte wohl wissen, wer das ist,
der immer mit zwei Löffeln frisst.

Volksgut

Haseneltern

Hasenvater ruft herbei
seine Kinder, eins, zwei, drei.
Hasenmutter kocht fürs Fest
Farben aus dem Kaffeerest,
aus Spinat und roten Rüben
und den schönsten Frühlingszwiebeln.
Und dann geht es frisch vom Fleck
in das dunkle Waldversteck,
wo die vielen Eier sind.

Verfasser unbekannt

Seht, was sitzt denn dort im Gras!
Ist das nicht der Osterhas?

Guckt mit seinem langen Ohr
aus dem grünen Nest hervor.

Hüpft mit seinen schnellen Bein'
über Stock und über Stein.

Seht auch her, was in dem Nest
liegt so rund und auch so fest:

Eier, blau und rot gefleckt,
hat er in dem Nest versteckt.

Immer muss er sie verstecken,
sucht drum schnell in allen Ecken.

Verfasser unbekannt

Häschen in der Grube

Häschen in der Grube
saß und schlief.
Armes Häslein, bist du krank,
dass du nicht mehr hüpfen kannst?
Häslein, hüpf!

VOLKSTÜMLICH

Ich schenke dir
ein Osterei,
wenn du's zerbrichst,
so hast du zwei.

VOLKSGUT

Zwischen Berg und tiefem Tal
saßen einst zwei Hasen,
fraßen ab das grüne Gras,
bis auf den Rasen.

Als sie satt gefressen war'n,
setzten sie sich nieder,
bis dass der Jäger kam
und schoss sie nieder.

Als sie sich gesammelt hatten
und sich besannen,
dass sie noch am Leben waren,
liefen sie von dannen.

VERFASSER UNBEKANNT

Osterschmuckbastelei

Osterhasennest

1. Ein Stück braunes Papier, besser noch Pappe, in der Größe von etwa 20 mal 30 cm in der Mitte falten.
2. Auf eine Seite eine Häschenfigur malen und die Figur doppelt ausschneiden. Dann können die beiden Häschenfiguren bemalt und verschönert werden.
3. Eine flache Schachtel in der Größe von ca. 15 mal 15 cm basteln oder kaufen.
4. Die beiden Häschen an die Seiten der Schachtel kleben.
5. Als Stummelschwänzchen einen Wattebausch an die Hasenfiguren kleben.
6. Die Schachtel mit etwas Moos, Gras oder Pflanzen auslegen, dann die Ostereier hineinsetzen.
   (Statt der Osterhasen kann man auch Ostereier, Blumen oder andere Tierfiguren aus buntem Karton ausschneiden und auf die Schachtel kleben.)

Osterhasen zum Aufhängen

1. Nach Vorlage aus einem Buch oder aus der Phantasie Hasen auf braunen Karton zeichnen und ausschneiden.
2. Aus schwarzem Papier die Augen und aus weißem Papier die Pupillen zurechtschneiden
3. Die Barthaare werden auch aus dem schwarzen Papier geschnitten, Nase und Mund aus rotem Papier.
4. Alle Teile sorgfältig zusammenkleben.
5. Den Stummelschwanz aus einem Wattebällchen auf die Rückseite kleben.

   Die Osterhasen können an Fenstern befestigt werden, mit einer Schnur in den Osterstrauß oder als Mobile aufgehängt werden.

Ostereiersuchbild

1. Ein grünes DIN A 4-Blatt wird in vier gleich lange und gleich breite Streifen geschnitten.
2. Dann schneidet man jeden Streifen wie einen Kamm ein (das sind die Gräser auf der Wiese).
3. Die vier eingeschnittenen Streifen an der festen Kante untereinander auf ein grünes DIN A 4-Blatt kleben.
4. Kleine Ostereier und Osterhasen auf ein Blatt malen und ausschneiden.

   Nun können die Ostereier und Osterhasen im Gras versteckt werden.

Kinder, Kinder! Kommt herbei!
Suchen wir das Osterei!
Immerfort, hier und dort
und an jedem Ort.

Hier ein Ei, dort ein Ei –
bald sind's zwei und drei!
Ist es noch so gut versteckt,
endlich wird es doch entdeckt.
Kommt herbei!
Sucht das Ei!

HEINRICH HOFFMANN VON FALLERSLEBEN

Has, Has, Osterhas,
wir möchten nicht mehr warten!
Der Krokus und das Tausendschön,
Vergissmeinnicht und Tulpe stehn
schon lang in unserm Garten.

Has, Has, Osterhas,
mit deinen bunten Eiern!
Der Has lugt aus dem Kasten raus,
Blühkätzchen sitzen um sein Haus.
Wann kommst du Frühling feiern?

Has, Has, Osterhas,
ich wünsche mir das Beste:
ein großes Ei, ein kleines Ei
und ein lustiges Dideldumdei,
alles in einem Neste!

PAULA DEHME

Gestern Abend ging ich aus,
ging wohl in den Wald hinaus;
sitzt ein Häslein in dem Strauch,
guckt mit seinen Äuglein raus;
kommt das Häslein dicht heran,
dass mir's was erzählen kann.

„Bist du nicht der Jägersmann,
legst auf mich die Flinte an?
Wenn dein Feldmann mich erschnappt,
steckst du mich gleich in den Sack.
Wenn ich an mein Schicksal denk,
ich mich recht von Herzen kränk."

Liebes Häslein, merk dir das:
Geh dem Bauern nicht ins Gras,
geh dem Gärtner nicht ans Kraut,
sonst bezahlst's mit deiner Haut!
Sparst dir manche Not und Pein,
kannst mit Lust ein Häslein sein!
Verfasser unbekannt

Mein Vater kaufte sich ein Haus.
An dem Haus war ein Garten.
In dem Garten war ein Baum.
Auf dem Baum war ein Nest.
In dem Nest war ein Ei.
In dem Ei war ein Dotter.
Im Dotter war ein Osterhase,
der beißt sich in die Nase.
Volksgut

Nikolaustag

Nikolaus, du guter Mann,
hast einen schönen Mantel an.
Die Knöpfe sind so blank geputzt,
dein weißer Bart ist gut gestutzt,
die Stiefel sind so spiegelblank,
die Zipfelmütze fein und lang.
Du kamst den weiten Weg von fern,
und deine Hände geben gern.
Du weißt, wie alle Kinder sind:
Ich glaub, ich war ein braves Kind.
Sonst wärst du ja nicht hier
und kämest nicht zu mir.
Du musst dich sicher plagen,
den schweren Sack zu tragen.
Drum, lieber Nikolaus,
pack ihn doch einfach aus.

Volksgut

Nikolaus, komm in unser Haus,
schütt dein goldig Säcklein aus,
stelle den Esel an den Mist,
dass er Heu und Hafer frisst.

AUS HESSEN

Nikolaus, sei unser Gast,
wenn du was im Sacke hast.
Hast du was, so lass dich nieder,
hast du nichts, so pack dich wieder!

VOLKSTÜMLICH

Rupprecht, Rupprecht, guter Gast,
hast du mir was mitgebracht?
Hast du was, dann setz dich nieder,
hast du nichts, dann geh gleich wieder

VERFASSER UNBEKANNT

Sankt Niklas

Sankt Niklas ist ein braver Mann,
bringt den kleinen Kindern was.
Die großen lässt er laufen,
die können sich was kaufen.

VERFASSER UNBEKANNT

Ach, du lieber Nikolaus,
komm ganz schnell in unser Haus.
Hab so viel an dich gedacht!
Hast mir doch was mitgebracht?

VERFASSER UNBEKANNT

Lieber, guter Nikolaus,
lösch uns unsre Fünfen aus,
mache lauter Einsen draus,
bist ein braver Nikolaus!

Verfasser unbekannt

Herr Nikolas, Herr Nikolas,
bring mir zum sechsten Dezember was!
Ich stell auch Vaters Schuh vors Fenster,
den meinen fand ich viel zu klein.
Gelt, Nikolaus, du tust was ´nein?

Verfasser unbekannt

Ich bitte dich, Sankt Niklaus sehr:
In meinem Hause auch einkehr.
Bring Bücher, Kleider und auch Schuh
und noch viel schöne gute Sachen dazu.
So will ich lernen wohl
und fromm sein, wie ich soll.
Amen.

Volksgut

Nikolaus

Ins Fenstereck, im Mondenschein,
stellte ich den Schuh hinein.
Nikolaus, vergiss ihn nicht!
Tu hinein, was mir gebricht:
Nüss und Äpfel und süßen Kram,
dass ich mich herzlich freuen kann!

VOLKSTÜMLICH

Wo die Kinder folgen gern,
da bring ich Nuss und Mandelkern,
Äpfel, Birnen, Hutzeln und Schnitz
für den Hansl und Heiner,
für den Franzl und den Fritz.

AUS SÜDDEUTSCHLAND

Guter Nikolaus

Guter Nikolaus,
kommt in unser Haus,
triffst ein Kindlein an,
das sein Sprüchlein kann
und schön folgen will!
Halte bei uns still,
schütt dein Säcklein aus,
guter Nikolaus!

VERFASSER UNBEKANNT

Lieber Nikolaus

Lieber, lieber Nikolaus zart,
haben schon lange auf dich gewart'.
Will auf Vater und Mutter hören,
musst mir nur was Gutes bescheren.

VERFASSER UNBEKANNT

Wer kommt denn da geritten?
Herr Wude Wude Nikolaus,
lass mich nicht lange bitten
und schüttel deinen Beutel aus.

AUS NORDDEUTSCHLAND

Nikolaus, du frommer Mann

Nikolaus, du frommer Mann,
komm mit deinem Schimmel an
und dem schwarzen Piet.
Alles, was man wünschen kann,
Spielzeug, Kuchen, Marzipan,
bring uns bitte mit.
Haben wir nicht recht getan,
so verheih uns, heil'ger Mann,
Schimmelchen und Piet.

AUS WESTFALEN

Bald ist Niklausabend da

Lasst uns froh und munter sein
und uns in dem Herrn erfreu'n.
Lustig, lustig, traleralala,
bald ist Niklausabend da.

Bald ist unsre Schule aus,
dann ziehn wir vergnügt nach Haus.
Lustig, lustig, traleralala,
bald ist Niklausabend da.

Dann stell ich den Teller auf,
Niklaus bringt gewiss was drauf.
Lustig, lustig, traleralala,
bald ist Niklausabend da.

Wenn ich schlaf, dann träume ich:
Jetzt bringt Niklaus was für mich!
Lustig, lustig, traleralala,
bald ist Niklausabend da.

Aus dem Rheinland

Knecht Ruprecht

Knecht Ruprecht, du trägst huckepack
auf deinem Rücken einen Sack.
Sag, sind darin auch Pfefferkuchen?
Die möchte ich schrecklich gern versuchen!

Volksgut

WEIHNACHTEN

Wenn ich in Bethlehem wär,
du Christuskind,
lief ich zur Krippe hin,
o wie geschwind!
Drinnen liegst du auf Heu,
auf hartem Stroh,
blickst uns doch an so treu,
so lieb und froh!
Und wer nur recht dich liebt,
Groß oder Klein,
der ist nie mehr betrübt,
soll sich stets freu'n.
Kann ich denn nicht zu dir,
zur Krippe gehn,
kommst du doch gern zu mir,
kannst hier mich sehn.
Sieh in mein Herz hinein,
ob's recht dich liebt,
mit allen Kräften sein',
sich dir ergibt.

WILHELM HEY

Heil'ger Christ

Ei du lieber, heil'ger Christ,
komm nur nicht, wenn's finster ist.
Komm im hellen Mondenschein,
wirf mir Nüss' und Äpfel rein!

AUS SACHSEN

Von allen Bäumen jung und alt,
von all den Bäumen groß und klein,
von allen in dem ganzen Wald,
wer mag der allerschönste sein?

Der schönste von allen weit und breit
das ist der Baum, der grünt allzeit,
da hängen hundert Sachen dran,
und den bringt uns der Weihnachtsmann.

Heinrich Hoffmann von Fallersleben

Weihnachtskind

Wie ist's doch heut im Zimmer
so hell, so wunderschön!
Mir ist's, als hätt' ich nimmer
so vielen Glanz gesehn.

Gewiss habt ihr bereitet,
ihr Eltern süß und lieb,
uns all die Lust und Freude
dem Weihnachtskind zulieb.

Ich hörte viel erzählen
von Hirten auf dem Feld,
von Königen, die erwählen
ein Kind zum Herrn der Welt.

Lehr mich die Hände falten,
du holdes Kindlein, du,
dass ich dir möge danken,
den Eltern auch dazu.

Verfasser unbekannt

Christkindchen kam hernieder

Christkindchen kam hernieder
und schmückte den Weihnachtsbaum,
mit Gaben füllt sich wieder
der Tisch bis an den Saum.

Worauf mein Herz sich freute,
was es gewünscht, erdacht,
ich sehe alles heute
in überreicher Pracht.

Die guten Eltern sorgen
so liebevoll und reich,
drum bet ich alle Morgen,
zum lieben Gott für euch.

VERFASSER UNBEKANNT

Wo die Zweige am dichtesten hangen,
die Wege am tiefsten verschneit,
da ist um die Dämmerzeit
im Walde das Christkind gegangen.
Es musste sich wacker plagen,
denn einen riesigen Sack
hat's meilenweit huckepack
auf den schmächtigen Schultern getragen.
Zwei spielende Häschen saßen
geduckt am schneeigen Rain.
Die traf solch blendender Schein,
dass sie das Spielen vergaßen.
Doch das Eichhorn hob schnuppernd die Ohren
und suchte die halbe Nacht,
ob das Christkind von all seiner Pracht
nicht ein einziges Nüsschen verloren.

ANNA RITTER

Über die Hütte weht der Wind,
wo Josef und Maria sind.
In den Ritzen Heu und Stroh,
und die beiden so wunderfroh.

In diesem allerärmsten Haus
geht ein Glanz von dem Kinde aus,
das in dieser sel'gen Nacht
in der Krippe liegt und lacht.
Engel kommen und wiegen es ein.
Das ist das süße Jesulein.

Christkindelein, Christkindelein,
komm doch zu uns herein!
Wir haben frisch' Heubündelein
und auch ein Gläschen guten Wein.
Das Bündelein fürs Eselein.
Fürs Kindelein das Gläselein,
und beten können wir auch,
und beten können wir auch.

Aus dem Elsass

Der Christbaum ist der schönste Baum,
den wir auf Erden kennen,
im Garten klein, im engsten Raum,
wie lieblich blüht der Wunderbaum,
wenn seine Blümchen brennen!

Denn sieh, in dieser Wundernacht
ist einst der Herr geboren,
der Heiland, der uns selig macht;
hätt er den Himmel nicht gebracht,
wär alle Welt verloren.

Doch nun ist Freud und Seligkeit,
ist jede Nacht voll Kerzen;
auch dir, mein Kind, ist das bereit,
dein Jesus schenkt dir alles heut,
gern wohnt er dir im Herzen.

O lass ihn ein, es ist kein Traum,
er wählt dein Herz zum Garten,
will pflanzen in dem engen Raum
den allerschönsten Wunderbaum
und seiner treulich warten.

Heinrich Hoffmann von Fallersleben

Adressen vom Weihnachtsmann

Nicht vergessen, ein Kuvert mit Adresse und Rückporto beizufügen, damit es Antwort gibt!

Deutschland:

★ An den Weihnachtsmann,
Weihnachtspostfiliale,
D 16798 Himmelpfort

★ An den Weihnachtsmann in
D 21709 Himmelpforten

★ An den Weihnachtsmann in
Himmelthür,
D 31137 Hildesheim

★ An den Weihnachtsmann in
Nikolausdorf
D 49681 Garrel

★ An das Christkind in
D 51766 Engelskirchen

★ An den Weihnachtsmann in
St. Nikolaus,
D 66352 Großrosseln

★ An das Christkind,
D 97267 Himmelstadt

★ An den Weihnachtsmann in
D 99713 Himmelsberg

Dänemark:

★ Nordpol - Grönland:
Santa Claus Nordpolen
Julemandens Postkontor
DK-3900 Nuuk

Finnland:

★ Santa's Main Post Office
FIN-96930 NAPAPIIRI
Joulupukki
MAAKUNTAKATU 10
SS-96100 Rovaniemi

Schweden:

★ Santa Claus
Santa World
S-Mora – Schweden

Norwegen:

★ Julenissen
N-1440 Drøbak

Denkt euch, ich habe das Christkind gesehn!
Es kam aus dem Wald, das Mützchen voll Schnee,
mit rot gefrorenem Näschen.
Die kleinen Hände taten ihm weh;
denn es trug einen Sack, der war gar schwer,
schleppte und polterte hinter ihm her.
Was drin war, möchtet ihr wissen?
Ihr Naseweise, ihr Schelmenpack.
Meint ihr, er wäre offen, der Sack?
Zugebunden bis oben hin!
Doch war gewiss was Schönes drin.
Es roch so nach Äpfeln und Nüssen.

Anna Ritter

Die schönste Zeit, die liebste Zeit,
sagt's allen Kindern weit und breit,
damit sich jedes freuen mag:
Das ist der liebe Weihnachtstag.

Den hat uns Gott der Herr bestellt,
den herrlichsten in aller Welt,
dass Jung und Alt und Groß und Klein
so recht von Herzen froh soll sein.

Das beste Kind, das liebste Kind,
so viele rings auf Erden sind,
kommt her und hört, damit ihr's wisst,
das ist der liebe Jesus Christ.

Verfasser unbekannt

Christkindlein, ich bitte dich:
Denk im Himmel auch an mich!
Teile deine Gaben aus,
bring mir recht viel Glück ins Haus!

VERFASSER UNBEKANNT

Zu Ende geht das schöne Fest,
du liebes Christkindlein,
das keine unbeschenket lässt,
du sollst bedankt jetzt sein.
Wir wollen allzeit dich erfreu'n,
dich lieben immerdar;
und hören, liebes Christkindlein:
Komm wieder übers Jahr!

VERFASSER UNBEKANNT

Weihnachten liegt in der Luft

Zeit für Liebe und Gefühl,
heute bleibt es nur draußen richtig kühl.
Kerzenschein und Apfelduft,
ja, es liegt Weihnachten in der Luft.

VERFASSER UNBEKANNT

Seit Wochen freu ich mich auf diesen Tag,
den ich nur mit dir verbringen mag.
Verkleide mich als Weihnachtsmann,
was folgt, das sehen wir ja dann.

VERFASSER UNBEKANNT

Christkindchen klopft ans Fenster
auf seinem Erdengang,
es tönet seine Stimme
so süß wie Harfenklang.

Die lieben Augen leuchten
wie Sterne licht und klar,
gleich goldnen Schleiern flattert
im Wind sein lockig Haar.

Es pocht an allen Türen
und bittet: „Lasst mich ein,
Weihnachten naht jetzt wieder,
ich will mich mit euch freu'n."

Verfasser unbekannt

Christkind, komm in unser Haus.
Pack die großen Taschen aus.
Stell den Schimmel untern Tisch,
dass er Heu und Hafer frisst.
Heu und Hafer frisst er nicht,
Zuckerbrezeln kriegt er nicht!

Volksgut

Ich wünsch mir ein Geschenk
an das ich immer denk.
Doch es gibt ja dich,
das ist schon genug für mich.

Verfasser unbekannt

Lebet wohl heut!

Habt nun Dank für alle Gaben,
die wir gern genommen haben.
Jeder wünscht uns, wie er soll,
dass sie uns bekommen wohl.

Lebet wohl heut! Übers Jahr,
so Gott will, seht ihr uns zwar,
aber nicht so klein wie heute,
denn aus Kindern werden Leute.
Aus Nassau

Weihnacht: Nächte heller Kerzen
und der Kinderseligkeit!
Und so wünsche ich von ganzem Herzen
eine strahlend-schöne, besinnliche Zeit!
Verfasser unbekannt

Alle Jahre wieder
kommt das Christuskind
auf die Erde nieder,
wo wir Menschen sind.

Kehrt mit seinem Segen
ein in jedes Haus,
geht auf allen Wegen
mit uns ein und aus.

Ist auch mir zur Seite,
still und unerkannt,
dass es treu mich leite
an der lieben Hand.
Wilhelm Hey

Ich lag und schlief; da träumte mir
ein wunderschöner Traum:
Es stand auf unsrem Tisch vor mir
ein hoher Weihnachtsbaum.

Und bunte Lichter ohne Zahl,
die brannten ringsumher;
die Zweige waren allzumal
von goldnen Äpfeln schwer.

Und Zuckerpuppen hingen dran;
Das war mal eine Pracht!
Da gab's, was ich nur wünschen kann
und was mir Freude macht.

Und als ich nach dem Baume sah
und ganz verwundert stand,
nach einem Apfel griff ich da,
und alles, alles schwand.

Da wacht' ich auf aus meinem Traum,
und dunkel war's um mich.
Du lieber, schöner Weihnachtsbaum,
sag an, wo find ich dich?

Da war es just, als rief er mir:
„Du darfst nur artig sein;
dann steh ich wiederum vor dir;
jetzt aber schlaf nur ein!

Und wenn du folgst und artig bist,
dann ist erfüllt dein Traum,
dann bringet dir der heil'ge Christ
den schönsten Weihnachtsbaum."

Heinrich Hoffmann
von Fallersleben

Guter Weihnachtsmann

Lieber guter Weihnachtsmann,
schau mich nicht so böse an,
stecke deine Rute ein
ich will auch immer artig sein.

Verfasser unbekannt

Unterm Weihnachtsbaum

Sitze einsam unterm Weihnachtsbaum,
träume einen schönen Traum.
Wäre doch so gern bei dir,
schade, jetzt sitz ich alleine hier.

Verfasser unbekannt

Weihnachten

Stille, nichts als Ruhe in dieser Nacht,
als wäre Weihnachten nur für uns gemacht.
Engel hüten unser kleines Glück,
wir lieben uns weiter, Stück für Stück.

Verfasser unbekannt

Kein Geschenk ist so wichtig wie du,
nichts gefunden, ich geb es ja zu.
Würde ich wählen zwischen Gold und dir,
sage ich nur: Du gehörst zu mir.

Verfasser unbekannt

Schöne Lieder und manch warmes Wort,
tiefe Sehnsucht und ein ruhiger Ort.
Gedanken, die voll Liebe klingen,
Weihnachten möcht ich nur mit dir verbringen.

VERFASSER UNBEKANNT

Ich wünsche schöne Weihnachtstage,
das ist doch klar und ohne Frage.
Bei Tannenduft und Kerzenschein,
möge alles friedlich und fröhlich sein!

VERFASSER UNBEKANNT

Fichten, Lametta, Kugeln und Lichter,
Bratäpfelduft und frohe Gesichter,
Freude am Schenken – das Herz wird so weit.
Ich wünsch allen: Eine fröhliche Weihnachtszeit!

VERFASSER UNBEKANNT

Advent

Es treibt der Wind im Winterwalde
die Flockenherde wie ein Hirt,
und manche Tanne ahnt, wie balde
sie fromm und lichterheilig wird,
und lauscht hinaus. Den weißen Wegen
streckt sie die Zweige hin – bereit,
und wehrt dem Wind und wächst entgegen
der einen Nacht der Herrlichkeit.

RAINER MARIA RILKE

Weihnachten

Markt und Straßen stehn verlassen,
still erleuchtet jedes Haus,
sinnend geh ich durch die Gassen,
alles sieht so festlich aus.

An den Fenstern haben Frauen
buntes Spielzeug fromm geschmückt,
Tausend Kindlein stehn und schauen,
sind so wundervoll beglückt.

Und ich wandre aus den Mauern
bis hinaus ins weite Feld,
hehres Glänzen, heil'ges Schauern!
Wie so weit und still die Welt!

Sterne hoch die Kreise schlingen,
aus des Schnees Einsamkeit
steigt's wie wunderbares Singen –
O du gnadenreiche Zeit!

JOSEPH VON EICHENDORFF

Silvester und Neujahr

Mit der Freude zieht der Schmerz
traulich durch die Zeiten.
Schwere Stürme, milde Weste,
bange Sorgen, frohe Feste
wandeln sich zu Zeiten.
War's nicht so im alten Jahr?
Wird's im neuen enden?
Sonnen wallen auf und nieder,
Wolken gehen und kommen wieder
und kein Mensch wird's wenden.

Johann Peter Hebel

Ein kleines Wünschchen bring ich fröhlich dar,
es heißt: „Gott segne euch im neuen Jahr!"

Verfasser unbekannt

Zum neuen Jahr

Der liebe Gott, der immer wieder
an seine Kinder freundlich denkt,
der hat uns heut vom Himmel nieder
ein schönes, neues Jahr geschenkt.

Und mit dem Jahr wollt er dir schicken
durch seine Engel in der Welt,
was dich am meisten kann beglücken,
und was am besten dir gefällt.

Er mag dir schenken schöne Gaben,
doch als die schönste immerdar
sollst du die beste Tochter haben,
die du dir wünschst zum neuen Jahr.

Verfasser unbekannt

Heil und Glück den Lieben allen,
die mit uns durchs Leben wallen,
denn auch uns erfreu'n und schmücken
alle Rosen, die sie pflücken.

Rudolf von Gottschall

Im neuen Jahre Glück und Heil!
Auf Weh und Wunden gute Salben.
Auf groben Klotz ein grober Keil,
auf einen Schelmen anderthalben!

Johann Wolfgang von Goethe

Es lächelt uns wieder
mit goldenem Schein
ein Neujahr hernieder,
die Welt zu erfreu'n.

Da stand ich voll Freuden
früh auf von der Ruh
und bringe euch beiden
den Glückwunsch dazu.

Allein ihn zu sagen
das ist mir zu schwer,
ich kann ihn nur tragen
im Herzen euch her.

Doch seid durch das Schweigen,
Geliebte, nicht trüb,
ich will ihn euch zeigen
durch Fleiß und durch Lieb!

Ernst Lausch

Das neue Jahr, das wir heut schauen,
wird's Freude bringen oder Schmerz?
Wir wissen's nicht, doch voll Vertrauen
blickt unser Auge himmelwärts.

Gott, der den Lauf der Zeiten leitet,
bleibt Vater, wie er ewig war,
er, der uns so viel Heil bereitet,
wird mit uns sein auch dieses Jahr.

Verfasser unbekannt

Eltern, die ich zärtlich ehre,
mein Herz ist heut voll Dankbarkeit.
Der treue Gott dies Jahr vermehre,
was euch erquickt zu jeder Zeit!
Der Herr, die Quelle aller Freude,
verbleibe euer Trost und Teil;
sein Wort sei eures Herzens Weide
und Jesus das erwünschte Heil.
Ich dank für alle Liebesproben,
für alle Sorgfalt und Geduld,
mein Herz soll alle Güte loben
und trösten sich stets eurer Huld.
Gehorsam, Fleiß und zarte Liebe
versprech ich euch auch dieses Jahr.
Der Herr schenk mir nur gute Triebe
und mache all meine Wünsche wahr.
Amen.

FRIEDRICH VON SCHILLER

Die Jahre des Lebens

Schnell eilen die Jahre des Lebens,
du rufest am Schluss vergebens
den Anfang des Jahres zurück.
Lass andere sinnen und grübeln,
nimm weise das Gute vom Üblen
und hasche das flüchtige Glück!

Verfasser unbekannt

**Lasst uns froh das Jahr beschließen,
was es immer auch gebracht!
Mocht' uns manches auch verdrießen,
haben wir doch mehr gelacht
voller Freude, voller Lust,
laut hinaus aus voller Brust.**

**Lasst uns froh ins Neue schauen,
dass es stets nur Gutes bringt!
Lasst uns blind darauf vertrauen,
dass uns alles wohl gelingt,
was wir planen, was wir hoffen.
Hold steht uns die Zukunft offen.**

**Lasst uns froh die Gläser heben
auf ein gutes, neues Jahr!
Fördern soll es unser Streben,
bannen soll es Notgefahr.
Horchet, wie die Glocken klingen!
Frieden sollen sie uns bringen.**

Verfasser unbekannt

Vater und Mutter!
Im neuen Jahr
mög Gott behüten
euch vor Gefahr!

Vater und Mutter!
Aus Herzensgrund
wünsch ich, dass beide
ihr bleibt gesund!

Vater und Mutter!
Herzinniglich
lieb ich euch beide,
o liebet auch mich!

Ernst Lausch

Ein Traum,
ein Traum ist unser Leben auf Erden hier.
Wie Schatten auf den Wogen
schweben und schwinden wir.
Und messen unsere trägen Tritte
nach Raum und Zeit;
und sind (und wissen's nicht)
in Mitte der Ewigkeit.

Johann Gottfried Herder

Geliebte Großmama

Grüß Gott, geliebte Großmama!
Zum heutigen Neujahrsfeste
bring ich dir meine Wünsche dar:
Gott schenke dir das Beste!
Gesundheit geb er dir und Freud
im neuen Lebensjahre,
und heitern Mut in trüber Zeit
er immer dir bewahre!
Behalt mich lieb, das bitt ich dich,
geliebte Großmama!
Und übers Jahr bin wieder ich
mit meinem Wunsche da.

VERFASSER UNBEKANNT

Das alte Jahr vergangen ist,
das neue Jahr beginnt.
Wir danken Gott zu dieser Frist.
Wohl uns, dass wir noch sind!
Wir sehn aufs alte Jahr zurück
und haben neuen Mut:
Ein neues Jahr, ein neues Glück.
Wir ziehen froh hinein.
Und: Vorwärts, vorwärts, nie zurück!
soll unsere Losung sein.

HEINRICH HOFFMANN
VON FALLERSLEBEN

Anfang gut, alles gut!
Lasst drum mit frohem Mut
ein Hoch dem Neujahr klingen,
es soll uns Gutes bringen!

Helene Stökl

Heut zum neuen Jahr

Ich bringe heut zum neuen Jahr
mein kindlich Herz voll Liebe dar
und bitte: Liebe ferner mich,
so wie bisher, herzinniglich!

Gar gerne will ich dich erfreu'n,
will fleißig, folgsam, artig sein,
und Gott im hohen Himmel dort,
bescher dir Gutes fort und fort!

Verfasser unbekannt

O teure Eltern,
zum neuen Jahr
bring ich in Liebe
den Glückwunsch dar:
„Euch lächle immer
der Freude Blick
und Kummer fliehe
von euch zurück!
Es fliehe Sorge
und banges Leid
aus eurem Herzen
zu aller Zeit.
Gott sende Segen
und hohe Lust
und Fried' und Freude
in eure Brust!"

ERNST LAUSCH

Das Jahr ist neu;
doch Lieb' und Treu,
die woll'n wir halten
im neuen wie im alten!

VERFASSER UNBEKANNT

Über Länder, über Seen
kommt mein Neujahrsgruß geflogen;
bleibt dem Freunde in der Ferne
auch im neuen Jahr gewogen!

HELENE STÖKL

Gedicht zum neuen Jahr

Mit der Freude zieht der Schmerz
traulich durch die Zeiten.
Schwere Stürme, milde Weste,
bange Sorgen, frohe Feste.
wandeln sich zu Zeiten.
War's nicht so im alten Jahr?
Wird's im neuen enden?
Sonnen wallen auf und nieder,
Wolken gehen und kommen wieder
und kein Mensch wird's wenden.

JOHANN PETER HEBEL

Ein neues Jahr nimmt seinen Lauf

Ein neues Jahr nimmt seinen Lauf.
Die junge Sonne steigt herauf.

Bald schmilzt der Schnee, bald taut das Eis,
bald schwillt die Knospe schon im Reis.

Bald werden die Wiesen voll Blumen sein,
die Äcker voll Korn, die Hügel voll Wein.

Und Gott, der immer mit uns war,
behüt' uns auch im neuen Jahr.

VOLKSGUT

Die Heiligen Drei Könige aus Morgenland,
die fragten in jedem Städtchen:
„Wo geht der Weg nach Bethlehem,
ihr lieben Buben und Mädchen?"
Die Jungen und Alten, sie wussten's nicht,
die Könige zogen weiter;
die folgten einem goldenen Stern,
der leuchtete lieblich und heiter.
Der Stern blieb stehn über Josephs Haus,
da sind sie hineingegangen;
das Öchslein brüllte, das Kindlein schrie,
die Heiligen Drei Könige sangen.

Heinrich Heine

Prosit Neujahr

Prosit Neujahr, lieber Freund!
Nimm es an, wie es gemeint.
Glück das neue Jahr dir bringe,
was du unternimmst, gelinge!

Verfasser unbekannt

Die Heil'gen Drei Könige

Aus fernen Landen kommen wir gezogen,
nach Weisheit streben wir seit langen Jahren,
doch wandern wir in unsern Silberhaaren,
ein schöner Stern ist vor uns hergeflogen.

Nun steht er winkend still am Himmelsbogen:
Den Fürsten Judas muss dies Haus bewahren.
Was hast du, kleines Bethlehem, erfahren?
Dir ist der Herr vor allen hoch gewogen.

Holdselig Kind, lass auf den Knien dich grüßen;
damit die Sonne unsre Heimat segnet,
das bringen wir, obschon geringe Gaben.

Gold, Weihrauch, Myrrhen liegen dir zu Füßen,
die Weisheit ist uns sichtbarlich begegnet,
willst du uns nur mit einem Blicke laben.

August Wilhelm von Schlegel

Wir Heiligen Drei König'

Wir Heiligen Drei König', wir kommen von fern,
wir suchen den Heiland, den göttlichen Herrn.
Da stehet vor uns ein hell leuchtender Stern,
er winkt uns gar freundlich, wir folgen ihm gern.
Er führt uns vorüber vorm Herodes sei'm Haus,
da schaut der falsch' König beim Fenster heraus.
Er winkt uns so freundlich: „O kommt doch herein,
ich will euch aufwarten mit Kuchen und Wein."
„Wir können nicht weilen, wir müssen gleich fort,
wir müssen uns eilen nach Bethlehems Ort.
Es ward uns durch Gottheit die Kunde zuteil,
dass ein Kind ist geboren, das der Welt bringt das Heil."
Wir kommen im Stall an, finden das Kind,
viel schöner und holder, als Engel es sind.
Wir knien uns nieder und beten es an,
o Herr, nimm die Gabe aus Dankbarkeit an:
Gold, Weihrauch und Myrrhen, das reichen wir dir,
führ du uns dann einstens in'n Himmel von hier!

VOLKSGUT

Das alte Jahr, 's konnt besser sein,
doch woll'n wir's absolvieren,
es will'ge nur das neue drein,
sich besser aufzuführen.

HELENE STÖCKL

Die Könige

Drei Könige wandern aus Morgenland,
ein Sternlein führt sie zum Jordanstrand,
in Juda fragen und forschen die drei,
wo der neugeborene König sei.
Sie wollen Weihrauch, Myrrhen und Gold
zum Opfer weihen dem Kindlein hold.

Und hell erglänzt des Sternes Schein,
zum Stalle gehen die Könige ein,
das Knäblein schauen sie wonniglich,
anbetend neigen die Könige sich,
sie bringen Weihrauch, Myrrhen und Gold
zum Opfer dar dem Knäblein hold.

O Menschenkind, halte treulich Schritt,
die Kön'ge wandern, o wand're mit!
Der Stern des Friedens, der Gnade Stern
erhelle dein Ziel, wenn du suchst den Herrn.
Und fehlen dir Weihrauch, Myrrhen und Gold,
schenk dein Herz dem Knäblein hold!

PETER CORNELIUS

Neues Jahr

Habt ihr euch auf ein neues Jahr gefreut,
die Zukunft preisend mit beredtem Munde?
Es rollt heran und schleudert, o wie weit!
Euch rückwärts – Ihr versinkt im alten Schlunde.

GOTTFRIED KELLER

Zum neuen Jahr

Zwischen dem Alten
zwischen dem Neuen,
hier uns zu freuen
schenkt uns das Glück,
und das Vergangne
heißt mit Vertrauen
vorwärts zu schauen,
schauen zurück.

Stunden der Plage,
leider, sie scheiden
Treue von Leiden,
Liebe von Lust;
bessere Tage
sammeln uns wieder,
heitere Lieder
stärken die Brust.

Leiden und Freuden,
jener verschwundnen,
sind die Verbundnen
fröhlich gedenk.
O des Geschickes
seltsamer Windung!
Alte Verbindung,
neues Geschenk!

Dankt es dem regen,
wogenden Glücke,
dankt dem Geschicke
männiglich Gut;
freut euch des Wechsels
heiterer Triebe,
offener Liebe,
heimlicher Glut!

Andere schauen
deckende Falten
über dem Alten
traurig und scheu;
aber uns leuchtet
freundliche Treue;
sehet, das Neue
findet uns neu.

So wie im Tanze
bald sich verschwindet,
wieder sich findet
liebendes Paar,
so durch des Lebens
wirrende Beugung
führe die Neigung
uns in das Jahr.

JOHANN WOLFGANG VON GOETHE

Neujahrsglocken

In den Lüften schwellendes Gedröhne,
leicht wie Halme beugt der Wind die Töne:

Leis verhallen, die zum ersten riefen,
neu Geläute hebt sich aus den Tiefen.

Große Heere, nicht ein einzler Rufer!
Wohllaut flutet ohne Strand und Ufer.

CONRAD FERDINAND MEYER

Ein neues Buch, ein neues Jahr,
was werden die Tage bringen?!
Wird's werden, wie es immer war,
halb scheitern, halb gelingen?
Ich möchte leben, bis all dies Glühn
rücklässt einen leuchtenden Funken.
Und nicht vergeht, wie die Flamm' im Kamin,
die eben zu Asche gesunken.

THEODOR FONTANE

Wünsche zum neuen Jahr

Ein bisschen mehr Friede und weniger Streit.
Ein bisschen mehr Güte und weniger Neid.
Ein bisschen mehr Liebe und weniger Hass.
Ein bisschen mehr Wahrheit – das wäre was.

Statt so viel Unrast ein bisschen mehr Ruh.
Statt immer nur Ich ein bisschen mehr Du.
Statt Angst und Hemmung ein bisschen mehr Mut.
Und Kraft zum Handeln – das wäre gut.

In Trübsal und Dunkel ein bisschen mehr Licht.
Kein quälend Verlangen, ein bisschen Verzicht.
Und viel mehr Blumen, solange es geht.
Nicht erst an Gräbern – da blühn sie zu spät.

Ziel sei der Friede des Herzens.
Besseres weiß ich nicht

PETER ROSEGGER

ORAKELBRÄUCHE

Der Jahresausklang ist eine besondere Zeit, in die Zukunft zu schauen. Man möchte gerne wissen, was einen im nächsten Jahr erwartet. Im Laufe der Geschichte haben sich daher zu Silvester einige Orakelbräuche herausgebildet.

Bibelstechen

Bei diesem alten Prophezeiungsspiel wird in der Silvesternacht die Bibel seitlich mit dem Daumen geöffnet und dann blind auf eine Textstelle gezeigt, die Aufschluss über das nächste Jahr geben soll.

Glücksgreifen

Aus Brotteig werden kleine Figuren hergestellt, die bestimmte Symbole darstellen. Man verbirgt sie unter Bechern, die verschoben werden. Nach dem Aufdecken der Symbole kann der Kandidat aus der Reihenfolge der Symbole seine Zukunft lesen (z.B. zuerst ein Ring als Symbol für die Ehe und dann ein Geldstück als Symbol für Nachwuchs).

Gummibärchen-Orakel

Jeder darf mit geschlossenen Augen fünf Bärchen aus einer Tüte ziehen. Die Farben der Gummitierchen haben dann ihre eigene Bedeutung, z.B.: Rot steht für Liebe, Gelb für Ehrgeiz und Reichtum, Grün für Vertrauen und Hoffnung, etc. (die Bedeutungen kann man selbst festlegen).

Pendeln

Man stellt eine Frage und wartet, wie das Pendel reagiert. Dreht es sich im Uhrzeigersinn, ist die Antwort „Ja", dreht es sich in entgegengesetzter Richtung ist die Antwort „Nein". Schwingt es nur hin und her, gibt es keine sichere Antwort.

Zwiebelorakel

Gibt Auskunft über das Wetter im neuen Jahr. Dazu streut man Salz in zwölf Zwiebelschalen, die für die zwölf Monate stehen. Je nachdem, ob das Salz in der Schale trocken bleibt oder nass wird, verhält sich auch die Wetterlage des jeweiligen Monats.

„Liebesorakel"

Wer über sein Liebesglück im neuen Jahr orakeln möchte, braucht dazu nicht viel. Es reicht, wenn man einen Schuh rückwärts über die Schulter wirft. Zeigt die Schuhspitze zur Tür, darf auf eine glückliche Beziehung gehofft werden.

Verheißt einem das Silvester-Orakel nichts Gutes, kann man sein Schicksal beeinflussen, indem man sich selbst einmal um die eigene Achse dreht. Dann kann sich ein böses Vorzeichen in ein gutes verwandeln.

Gästebuch

Je später der Abend,
desto schöner die Gäste.

Gästereime

Wirst du wo gut aufgenommen,
musst du nicht gleich wiederkommen.
Verfasser unbekannt

Die Freunde, die ein Haus besuchen,
sind seine Zierde.
Ralph Waldo Emerson

Zu Ende geht nun Sang und Schmaus.
Nun trinkt mir alle Neigen aus;
Die letzte muss heraus!
Johann Wolfgang von Goethe

Ein gastliches Haus lockt Gäste herbei.
Sprichwort

Iss, was gar ist, trink, was klar ist,
red, was wahr ist.
Martin Luther

Ein Leben ohne Feste
ist wie ein langer Weg ohne Einkehr.
Demokrit

Ein Haus, in das keine Gäste kommen,
ist kein glückliches Haus.
Sprichwort

**Was ich gehofft, hab ich gefunden,
ich denk noch oft an all die Stunden,
die ich verlebt in eurem Haus.
Mich bringt ihr nicht so bald hier raus!
Drum schreib ich frisch und munter nieder:
„Im nächsten Jahr, da komm ich wieder!"**

Verfasser unbekannt

Klar, dass man hier sehr gerne schreibt:
Danke! Und die Erinnerung bleibt.

Verfasser unbekannt

Wir leben nicht, um zu essen,
wir essen, um zu leben.

Sokrates

Ein froher Gast
ist niemals Last.

Spruch in der Wartburg

**Geselligkeit wird, meine Lieben,
in diesem Hause groß geschrieben.
Drum sind wir oft und gerne hier,
denn: „Der Mensch ist ein gesellig Tier."**

Aristophanes

Je später der Abend,
desto schöner die Gäste.

Sprichwort

**Die Red ist uns gegeben,
damit wir nicht allein
vor uns nur sollen leben
und fern von Leuten sein.**

Simon Dach

Der Morgen graut, wir sind die Letzten,
die immer noch ganz munter festen.
Dies lasst ins Gästebuch uns schreiben
und dann noch drei, vier Stunden bleiben.

VERFASSER UNBEKANNT

Essen und Trinken hält Leib und Seele zusammen.

SPRICHWORT

Nie stille steht die Zeit,
der Augenblick entschwebt,
und den du nicht genutzt,
den hast du nicht gelebt.

FRIEDRICH RÜCKERT

Du hast das nicht, was andre haben,
und andern mangeln deine Gaben.
Aus dieser Unvollkommenheit
entspringt die Geselligkeit.

CHRISTIAN FÜRCHTEGOTT GELLERT

Ohne Freunde ist unser Leben kein richtiges Leben.

DANTE ALIGHIERI

Ein fröhlicher Wirt macht fröhliche Gäste.

SPRICHWORT

Mit vielen lässt sich schmausen,
mit wenigen lässt sich hausen.

VOLKSTÜMLICH

**In der Welt fährst du am besten,
sprichst du stolz mit stolzen Gästen,
mit bescheidenen bescheiden,
aber wahr und klar mit beiden.**

Anastasius Grün

Das Dichten ist des Gastes Pflicht,
doch eben dieses kann ich nicht.
Von Herzen kommen um so mehr
drei Worte nur: Ich danke sehr.

Verfasser unbekannt

In andrer Leute Häusern ist gut Feste feiern.

Sprichwort

Wie oft bemüht man sich vergebens
um Höhepunkte seines Lebens.
Wir wurden, wenn man´s recht bedenkt,
mit einem solchen heut beschenkt.
Und deshalb mein ich, es gebühr
tief empfundener Dank dafür.

Verfasser unbekannt

**Es war ein wunderschöner Abend;
vergnüglich, munter und erlabend.
Auf Wiedersehen! Für Speis' und Trank
von ganzem Herzen: Tausend Dank!**

Verfasser unbekannt

Wir danken für die schönen Stunden,
sie waren heiter und voll Schwung.
Was wir an Gastlichkeit gefunden,
das bleibt uns in Erinnerung!

VERFASSER UNBEKANNT

Es lässt sich nicht vermeiden:
Der Gast wird vor dem Scheiden
vor´s Gästebuch gesetzt.
Und dieses schreib ich jetzt,
damit es auch andere lesen:
Schön ist´s hier gewesen!

VERFASSER UNBEKANNT

Was Herz und Magen so erfreute,
dafür bedanke ich mich heute!

VERFASSER UNBEKANNT

Des Gästebuches strenger Zwang
macht schließlich nur den Laien bang.
Der Fachmann denkt sich schon zu Haus
rechtzeitig vorher dieses aus:
Danke für alles, es war ein schöner Tag!

VERFASSER UNBEKANNT

Fröhlichkeit vertreibt das Leid.

SPRICHWORT